Georg Büchner

Das altfranzösische Lothringerepos

Betrachtungen über Inhalt, Form und Entstehung des Gedichts

Georg Büchner

Das altfranzösische Lothringerepos
Betrachtungen über Inhalt, Form und Entstehung des Gedichts

ISBN/EAN: 9783743410572

Hergestellt in Europa, USA, Kanada, Australien, Japan

Cover: Foto ©Thomas Meinert / pixelio.de

Manufactured and distributed by brebook publishing software (www.brebook.com)

Georg Büchner

Das altfranzösische Lothringerepos

DAS

ALTFRANZÖSISCHE LOTHRINGER-EPOS.

BETRACHTUNGEN

ÜBER INHALT, FORM UND ENTSTEHUNG
DES GEDICHTS,

IM ANSCHLUSS AN DIE STEINTHAL'SCHE THEORIE

ÜBER DIE

ENTSTEHUNG DES VOLKS-EPOS ÜBERHAUPT.

VON

Dr. **GEORG BÜCHNER**
DARMSTADT.

LEIPZIG 1887.
THEODOR THOMAS.

In der so überaus reichen epischen Poesie des alten Frankreich müssen wir der „Chanson de geste des Loherains" entschieden eine der ersten Stellen einräumen. Die grossartige Anlage, die Fülle und unendliche Mannigfaltigkeit des Geschehens, die wundersame Vermengung des Historischen mit dem Sagenhaften machen sie zu einer der interessantesten Schöpfungen der altfranzösischen Poesie. Bezüglich ihres Inhaltes bildet sie in der Literatur der „chansons de geste" eine merkwürdige Ausnahme. Ist doch der Grundgedanke der ganzen Dichtung ein geradezu antinationaler, während alle übrigen Gesten als die eigentlichen Repräsentanten nationaler Poesie betrachtet werden müssen. Sie schildert nämlich den Streit zweier Elemente des Frankenreiches, die zu grundverschiedenen Charakters waren, um ohne Weiteres in einander aufzugehen; des germanischen einerseits und des gallorömischen oder kurzweg französischen andrerseits, und zwar mit ausgesprochner Partheinahme für das Erstere. Ihre Repräsentanten sind die beiden feindlichen Geschlechter des „Garin le Loherain" und des Pickarden „Fromont". Die endlose, von beiden Seiten mit der unglaublichsten Wuth und Erbitterung geführte Fehde dieser beiden Familien, welche schliesslich mit der vollständigen Niederlage Fromonts und seiner Anhänger endet, bildet den Inhalt dieser Dichtung.

Dass das Lothringer-Epos ein ächtes Volksepos ist, darüber kann kein Zweifel sein. Wo bleibt dann jedoch hier der nationale Grundgedanke, welcher doch für jede ächte Volksdichtung bedingend ist? — Wir werden vergeblich danach suchen, wenn wir uns auf den Standpunkt des Franzosen stellen, denn er ist eben hier nicht französisch, sondern deutsch. Die ersten Keime dieser

Dichtung sind in Deutschland zu suchen, ihr erstes Leben jedoch in Frankreich und zwar in einer Zeit, wo von einem französischen Nationalbewusstsein noch nichts zu finden war, wo die germanischen Eindringlinge noch im Vollbewusstsein ihrer Nationalität mit den Gallorömern um die Oberherrschaft rangen. — Die eigentlich nationale Poesie wird erst hervorgerufen durch die Kämpfe mit den Ungläubigen, in welchen das junge Frankenreich die ersten Beweise seiner kriegerischen Tüchtigkeit gab. Demnach ist das Lothringer-Epos in seinen Uranfängen ungleich älter als zum Beispiel das Rolandslied und dementsprechend ist auch der ganze Grundcharakter des Gedichtes entschieden älter; ein Umstand, der jeden Leser dazu veranlassen muss — und seinen ersten Herausgeber, Paulin Paris, auch wirklich dazu veranlasst hat — es als das älteste uns erhaltne französische Volksepos zu betrachten und seine Entstehung vor die des Rolandsliedes zu setzen. Es ist indessen bei aller Begeisterung für die Sache nicht möglich, diese Behauptung aufrecht zu erhalten, da in der Fassung wenigstens, in welcher es uns vorliegt, eine ganze Zahl von Einzelheiten vorkommen, nach welchen seine Abfassung frühestens in die erste Hälfte des zwölften Jahrhunderts gesetzt werden kann; Einzelheiten, von welchen im Verlaufe dieser Untersuchung noch eingehender zu handeln sein wird. Wir stehen also hier vor dem Räthsel, wieso es ein Dichter des zwölften Jahrhunderts, in einer Zeit, wo von historischem Sinn noch nicht die Rede sein kann, vermocht hat, uns eine um mehrere Jahrhunderte zurückliegende Zeit in so lebendiger, anschaulicher Weise zu schildern, ein Räthsel das sich von selbst löst, wenn wir uns die Art, wie ein Volksepos entsteht, näher betrachten.

Ueber die Entstehung des Volksepos sind bekanntlich die verschiedensten Theorieen aufgestellt worden. Das Beste hierüber scheint mir von Steinthal[*] in seinem Aufsatz über das Epos gesagt worden zu sein. Ich werde versuchen, seine diessbezügliche Theorie im Folgenden in möglichster Kürze darzuthun, da sie gerade für das Lothringer-Epos in überraschendster Weise anwendbar erscheint.

---

[*] Zeitschrift für Völkerpsychologie. V. 1868.

Die wirkliche Volksdichtung ist hiernach niemals der Ausdruck der individuellen Persönlichkeit eines Einzelnen, sie ist ihrem innersten Wesen nach der Ausdruck des Gesammtgeistes eines Volkes. Es giebt keinen Dichter — das Volk dichtet. Wie kann aber aus diesem Volksdichten ein gewaltiges, einheitliches Epos, wie etwa die Ilias oder die Nibelungen entstehen? — Zunächst entsteht ein solches Epos in einer Zeit, wo von Individualität überhaupt noch nicht die Rede sein kann. Jeder Einzelne, der sich eines Theiles des gegebenen Stoffes bemächtigt, behandelt denselben ebenso, wie ihn jeder Andere behandelt haben würde, wie ihn jeder Andere, der ihn nach ihm aufgreift, behandelt. Jeder dichtet, wie es ihm der Augenblick eingiebt; er gebraucht nie sklavisch dieselben Worte und wenn er einem Anderen nachsingt, wird er nie ohne Improvisation singen. Er wird auch nie genau dieselbe Eintheilung beobachten. Dem, was er in einem Zuge singt, giebt er einen Anfang und ein Ende, jedoch wo er gerade anfangen, wo er aufhören wird, das steht vollständig in seiner Willkür. Wir haben uns also eine derartige Dichtung als fortwährend „in vollster Lebendigkeit, Unstätigkeit und Flüssigkeit befindlich zu denken; wir haben kein Volksepos, sondern Volksepik". — Wie kann daraus nun aber ein Volksepos, das heisst, ein organisches Ganze werden? — Das ist desshalb möglich, weil der Stoff, um den sich diese einzelnen Glieder oder Organe gruppiren, immer im Bewusstsein des Volkes als Ganzes lebt, so dass jeder Einzelne immer im Hinblick auf dieses Ganze dichtet. Erst durch die Arbeit des Diaskeuasten wird auch äusserlich ein Ganzes daraus. Je nachdem der Diaskeuast nun selbst Dichter ist oder nicht, wird er mit mehr oder weniger Verständniss die einzelnen Theile zu verbinden, die Spuren ihres früheren Einzeldaseins zu vermischen wissen, etwa Fehlendes ergänzen und Eigenes hinzufügen.

„Gar Vieles", sagt Steinthal, „muss sich vereinen, wo diese organische Epik wachsen soll. Reicher Mythos, grosse Geschichte, lebendige Anschauung und Freude an objektiver Gestaltung, weitherzige ideale Gesinnung, endlich Poesie, die das Menschliche hervorkehrt, müssen zusammenkommen." Alle diese Bedingungen erfüllt unser Epos in vollstem Maasse Alle die grossen Schwierigkeiten, die sich uns bei der Frage nach seiner Entstehung entgegenstellen, finden eine leichte Lösung, wenn wir es unter dem Gesichtspunkte dieser Theorie betrachten.

Ehe ich zu der eigentlichen Aufgabe dieser Arbeit, zu der kulturgeschichtlichen Betrachtung unsres Gedichtes schreite, muss ich den darin verarbeiteten Stoff einer Prüfung auf seinen mythischen und historischen Kern unterziehen, und darthun, aus welch' verschiedenen Elementen er sich zusammensetzt. — Seine Uranfänge sind, wie gesagt, in Deutschland zu suchen. Einen jeden Leser, der nur ein oberflächlicher Kenner der deutschen Heldensage ist, muss seine Verwandtschaft mit dieser, namentlich aber mit dem Nibelungenliede überraschen. Der Grundcharakter des Gedichtes ist germanisch, die ganze Darstellung ist durchweht von germanischem Geist; wird doch auf jeder Seite die deutsche Treue der fränkischen Untreue gegenübergestellt, jene Treue, deren gewaltigen Lobgesang ja auch das Nibelungenlied bildet. Aber auch in vielen Einzelzügen tritt diese Verwandtschaft auf's Ueberraschendste hervor. Als ein Beispiel für viele sei hier nur die Schilderung des Todes von Begon, Bruder Garins angeführt. Er ist der Siegfried dieses altfranzösischen Nibelungenliedes und wie Siegfried wird er auf der Eberjagd meuchlerisch aus einem Hinterhalt erschossen. Derartige vergleichbare Züge finden sich in grosser Menge. Mone hat zuerst in seinen „Untersuchungen zur Geschichte der teutschen Heldensage" auf die Verwandtschaft der beiden Sagen aufmerksam gemacht. Er geht freilich noch weiter und will zum Beispiel in Pipin und seinem Verhältniss zu Blancheflor dasjenige von Etzel zu Chriemhilt, in Fromont die Züge Hagens und Aehnliches erkennen. Reiffenberg, der in der Vorrede zum zweiten Bande seiner Ausgabe der Chronik des Philippe Mouskès unserem Gedicht eine besondere Betrachtung zu Theil werden liess, nennt es geradezu „eine Bearbeitung des Nibelungenliedes durch einen austrasichen Dichter". Das geht entschieden zu weit! Die Anfänge der beiden Sagen mögen dieselben gewesen sein; die Sagen selbst jedoch haben sich unter verschiedenen Verhältnissen verschieden ausgebildet, hier als Nibelungenlied, dort als Chanson des Loherains, und nur einzelne Züge, die besonders tief in das germanische Volksbewusstsein ein-

gegraben standen und auch im fremden Lande nicht so leicht
vergessen wurden, blieben diesen beiden letzten Ausbildungen gemeinschaftlich.

Giebt die deutsche Heldensage dem Gedicht seinen Grund-
charakter, so giebt ihm die Geschichte seinen Grundgedanken.
Ist es doch ein mächtiger Schlachtgesang der Germanen, die, in
Gallien einfallend, sich mit gewaffneter Hand zu Herren dieses
Landes machten. Der Gegensatz zwischen Germanen und Romanen,
der noch heute wie damals die Geschichte beherrscht, hat diesem
Epos seinen Stempel aufgedrückt. Es scheint zum grössten Theil
hervorgewachsen zu sein aus den gewaltigen Kämpfen zwischen
Austrasien und Neustrien, endigend mit dem schliesslichen Siege
der Austrasier, Kämpfe, welche mit entsetzlicher Grausamkeit
geführt wurden und die ersten blutigen Früchte jenes Gegensatzes
bilden. In ihnen und ihrer Zeit ist jedenfalls die Entstehung
unserer Sage zu suchen; spiegelt sie doch noch, in einzelnen
Zügen besonders, die entsetzliche Barbarei und rohe Blutgier
sowie die fessellose Leidenschaftlichkeit und Wildheit jener Menschen, in denen sich die raffinirte Verderbtheit des gallischen
Römerthums mit der wilden Roheit der Germanen vereinte. Wie
gesagt jedoch, ist das nur in einzelnen Zügen der Fall, während
im Allgemeinen die Sitten unter dem Einfluss späterer Zeiten sich
gebessert haben. Ja die wunderbare Mischung geht hier soweit,
dass sich neben solchen Zügen der zügellosesten Rohheit oft schon
eine Feinheit des Gefühls und eine Tiefe des Empfindens findet,
welche in Folge des Contrastes nur um so überraschender wirkt.

Aus der Geschichte selbst sind zunächst eigentlich nur die
Namen von Karl Martell und Pipin entlehnt, und zwar nur die Namen,
denn die historischen Persönlichkeiten, welche hinter diesen Namen stehen sind hier keineswegs geschildert. Karl Martell und
namentlich Pipin sind im Gegentheil hier schwache Könige einer
untergehenden Dynastie; sie gleichen durchaus den letzten Königen
aus dem Geschlechte der Merovinger. Die mächtigen Hausmeier
dagegen, welche diese Puppen nach ihrer Pfeife tanzen lassen,
sind in Garin und seinen Verwandten verkörpert. Ob der Figur
Garins, seinen Ahnen und Nachkommen historische Persönlichkeiten zu Grunde liegen, ist schwer zu entscheiden. Alle darauf

sich beziehenden Untersuchungen *) vermochten nichts mit Sicherheit festzustellen; auch dürften sie von verhältnissmässig geringem Werthe sein, da hier der innere, leicht erkennbare Zusammenhang zwischen Sage und Geschichte ungleich wichtiger ist, als diese lose äussere Verbindung, deren Spuren die Zeit fast ganz verwischt hat **).

Die Zeit Karls des Grossen, die ja einen ganzen Epen-Cyklus für sich erzeugte, hat in unserem Epos nicht eine Spur zurückgelassen. Es scheint als ob durch die gewaltigen weltgeschichtlichen Ereignisse jener Zeit das Interesse an den Streitigkeiten zweier Vasallen vollständig verdrängt worden sei. Erst das abermalige Sinken der königlichen Gewalt und das Wiedererwachen des unbändigen Trotzes der grossen Vasallen unter Karls schwachen Nachfolgern erweckte unsere Sage zu neuem Leben. Fiel ihre eigentliche Entstehung, die Bildung ihrer äusseren Umrisse in die Zeit der letzten Merovinger, so fällt ihr innerer Ausbau in die Zeit der letzten Karolinger. Ist doch diese Zeit des Verfalls und der Zersplitterung von Karls Weltreich die Wiege des Lehnswesens, die Wiege des Ritterthums geworden. In ihr bildete sich eine Unzahl neuer Lehen, und mächtig wuchs die Zahl der trotzigen Vasallen, die sich keiner Macht beugen wollten, der

---

*) Dom Calmet: Histoire de Lorraine. (Vorrede zum I. Bd. p. LXXI). De Reiffenberg: Philippe Mouskès. (Vorrede zum II. Bande). Histoire littéraire: XVIII, XXII.

**) Anm. Was die Aufmerksamkeit der Historiker auf unser Gedicht gelenkt hat, ist der merkwürdige Umstand, dass die Chronisten und Geschichtsschreiber des XIII. und XIV. Jahrhunderts zum grossen Theil daraus, wie aus einer historischen Quelle geschöpft haben; so Symphorien Champier, Edmond du Boulay, Meurisse, Hugues de Toul; (dessen Chronik uns nicht überliefert ist; Jacques de Guise († 1399) schöpft jedoch aus ihr). (cf. Vassebourg: Antiquités de la Gaule belgique). Ferner Jean d'Avesnes und vor allen Philippe Mouskès (v. 2080 bis 2145). Der Grund dafür ist wohl der, dass kein anderes Gedicht so den Eindruck der historischen Darstellung in dem Leser hervorbringt. Die lebendige Erzählung, die unmittelbare Anschaulichkeit der Schilderungen, namentlich aber die genaue Ortskenntniss, welche das ganze Gedicht durchzieht, lassen glauben, man habe es hier mit der wahrheitsgetreuen Erzählung eines Augenzeugen zu thun, der mit seinen Helden gestritten und gelitten.

kirchlichen so wenig wie der königlichen. Vertrauend auf ihren starken Arm und die festen Mauern ihrer Schlösser, spotteten sie aller ihrer Feinde. — Auch der Hass der Nationen, der Gegensatz zwischen Franken und Germanen, der ja den Grundgedanken des Gedichtes bildete, war in jener Zeit lebhafter denn je in den Herzen aller. Beweist doch die grosse handschriftliche Verbreitung, welche das Epos erst im XII. und XIII. Jahrhundert erlangte, dass selbst in dieser Zeit noch der Rassenhass mächtig gewesen sein muss, sonst könnte es neben der nationalen Poesie der Karlsepen keine solche Popularität gefunden haben.

Wenn nun die eigentliche Ausbildung der Chanson des Loherains in jene Zeit fällt, so muss eine Prüfung derselben auf ihren kulturhistorischen Gehalt ein Sittenbild des IX. und X. Jahrhunderts werden. Genau lassen sich freilich die Grenzen hier sehr schwer feststellen, da wir für die Culturgeschichte jener Zeit so ziemlich nur die wichtigsten Momente mit historischer Gewissheit anzugeben vermögen, während wir für alle Einzelheiten eben auf die Werke der Volksdichtung angewiesen sind. Gerade desshalb scheint mir das Lothringer-Epos besonderes Interesse in dieser Hinsicht zu verdienen, da es in der gesammten altfranzösischen Volksdichtung den ältesten Charakter zeigt und aus einer älteren Epoche hervorgewachsen zu sein scheint als alle die anderen Volksepen. Man darf sich hier freilich nicht irre machen lassen durch die vielen Züge, welche unzweifelhaft erst einer späteren Zeit angehören; sie sind jedenfalls auf Rechnung der Diaskeuasten und späteren Abschreiber zu setzen. Wie nebensächlich und unbedeutend dieselben sind, werde ich noch im Laufe dieser Untersuchung darthun.

Ich hoffe in diesen kurzen Vorbemerkungen gezeigt zu haben, aus wie verschiedenen Elementen sich diese Sage entwickelt hat; die folgende Darstellung der allgemeinen Zustände, Sitten und Gebräuche, wie sie unser Gedicht schildert, soll diesen Behauptungen zum Beweise dienen und darthun, dass seine Entstehung kaum anders als in der oben geschilderten Weise gedacht werden kann.

In den Bereich meiner Untersuchungen kann ich nur denjenigen Theil der Geste ziehen, welcher bis jetzt edirt ist. Die ganze Geste umfasst ca. 50,000 Verse und zerfällt in vier Hauptabtheilungen; I. die chanson von Hervis de Metz, dem Vater Garins; II. von Garin, le Loherain; III. von dessen Sohn Girbert de Metz, und schliesslich IV. von seinem Enkel Ansëis. — Paulin Paris hat zuerst von dem zweiten Theile, welcher von Garin handelt ca. 8—9000 Verse in zwei Bänden herausgegeben und dieselben mit vielen Anmerkungen versehen, welche gerade für diese Untersuchungen meist von der grössten Bedeutung waren *). Seine Publikation ist fortgesetzt worden von Edélestand Du Méril, welcher das Gedicht in weiteren 4,700 Versen bis zum Tode Garins führte**). In diesen drei Bänden ist entschieden der interessanteste und älteste Theil der Sage, ihr eigentlicher Kern enthalten. Am nächsten steht ihm noch die chanson von Girbert, wenn sich auch hier schon eine komplizirtere Handlung findet und das Interesse der Hörer durch bedenkliche Liebesgeschichten gefesselt werden muss, deren Charakter durchaus nicht in unseren Theil passen würde. Indessen lagen hier dem Dichter oder Diaskeuasten entschieden noch alte Traditionen vor, die er benutzte; finden sich doch auch hier noch unzweifelhafte Spuren der deutschen Heldensage, wie zum Beispiel in der Erzählung, dass Girbert den Schädel des alten Fromont in einen mit Gold und Edelsteinen bedeckten Trinkbecher verwandeln liess, den ihm dann dessen Sohn Fromondin kredenzen und selbst daraus trinken musste. — Der letzte von Ansëis handelnde Theil besteht überhaupt nur aus verschiedenen misslungenen Versuchen einiger ungeschickter Dichter, das Gedicht noch weiter fortzuspinnen. Der erste Theil von Hervis aber ist jedenfalls eine nicht ohne Geschick gefertigte Hinzudichtung vom Ende des XII. oder gar dem XIII. Jahrhundert, welche schon deutlich den Einfluss der Abenteuerromane zeigt. Die grössten Unwahrscheinlichkeiten werden hier erzählt, der Orient muss herhalten mit seinen schönen Königstöchtern und deren wunderbaren Abenteuern; auch fehlt es nicht an Wundern. Indessen dürfte das Gedicht dennoch von Interesse

---

*) Li Romans de Garin le Loherain, par M. P. Paris.
**) La mort de Garin le Loherain p. E. Du Méril. Paris-Leipzig 1862.

sein, da es Schilderungen der alten Märkte enthält, das Treiben der Kaufleute erzählt, sowie Aufschlüsse geben könnte bezüglich des Verhältnisses der Herzöge von Metz zu ihren Bürgern. — Wo ich mich daher auf diesen oder jenen Theil zu beziehen habe, werde ich mich den in der Histoire littéraire (XXII) gegebenen Analysen anschliessen *). Ich kann in der kulturgeschichtlichen Betrachtung des Gedichtes füglichst absehen von Allem, was sich auf Kleidung, Rüstung und rein äusserliche Lebensgewohnheiten bezieht, da Alwin Schulz in seinem vortrefflichen Werk über „das höfische Leben zur Zeit der Minnesinger" alles Hierhergehörige in erschöpfendster Weise behandelt hat, und da die Untersuchung unseres Gedichtes in dieser Beziehung nur genau dieselben Ergebnisse haben würde; der Zeitunterschied ist eben hier von nur ganz geringer Bedeutung. Meine Hauptaufmerksamkeit werde ich auf die inneren Zustände des Königthums, Ritterthums, Lehnswesens, der Kirche etc. richten, und ihre äusseren Formen nur so weit in Betracht ziehen, als sie vom Gewöhnlichen abweichen und zum Verständniss nothwendig sind.

Anm. Ich werde im Folgenden die Ausgabe von P. Paris als Band I und II, die von Du Méril als Band III citiren, und zwar mit Angabe der Seite, nicht des Verses.

I. Staat und Königthum.

Der Staat, in welchem die Handlung unseres Gedichtes spielt, ist ein monarchischer, jedoch nur äusserlich, nur zum Schein; in seinem innersten Wesen ist er eine Aristokraten-Republik, in der es möglichst bunt hergeht. Zwar steht ein König an der Spitze, doch macht er in seiner ganzen Hilf- und Machtlosigkeit mehr den Eindruck eines Automaten, der nur handelt, wenn er aufgezogen wird, als den eines souveränen Herrschers. Er ist ein Spielball in den Händen seiner grossen

---

*) Auch Mone giebt in seinen „Untersuchungen etc." p. 192 eine Inhaltsangabe des Girbert, jedoch, wie es scheint, nach einer ziemlich jungen Handschrift. (Hs. zu Brüssel. No. 281.)

Vasallen und — seiner Frau; sie leiten ihn, wie es ihr Interesse erheischt und machen sich ihn nöthigen Falles mit Gewalt willig. Begon scheut sich keinen Augenblick, ihm auf seine Worte: (I, 82)

„Adonc irai, puisque vos le vollez"

zu erwiedern: „Car faire le devez!" Der Dichter versäumt nie, uns auf seine Machtlosigkeit aufmerksam zu machen; so sagt er bei der Erzählung des Streites, welchen die beiden Partheien im Palaste des Königs in dessen Gegenwart beginnen: (I, 131)

Li rois fu jones, si ne se pot aidier;
Né il nel priscnt vaillant un sol denier.

Und ähnlich: (I, 129)

Ne le douterent vaillant un esperon.

Ja er übergiesst ihn geradezu mit seinem Spott und Hohn, wenn er bei den Schilderungen seiner gewaltigen Schlachten, nachdem er die unglaublichsten Heldenthaten der übrigen Barone erzählt hat, sagt: (II, 175)

Li rois de France moult richement le fist,
Et de sa main lor en a deus ocis.

Oder wenn er ihn in stolzen Worten prahlen lässt: (III, 36)

„Je jugerai" — ce dit li rois Pepins,
„Par tel convent com vos porroiz oïr;
Que s'il i a escuier ne meschin
Ne chevalier tant soit de riche lin,
Sé a mon dit met nesun contredit,
J'en combatrai orendroit, sanz respit,
Trestos armés sor un cheval de priz".

Worte, mit welchen er seinen Schiedsspruch ankündigt, der jedoch dann von den streitenden Partheien überhaupt nicht beachtet wird. Dabei glaubt er in naivster Weise noch an seine Macht; so will er zum Beispiel Fromont durch sein Machtgebot allein zur Aufhebung der Belagerung von Cambrai bringen; Garin belehrt ihn jedoch eines Besseren: (I, 181)

„Né ja por vous nc s'en vouront partir".

Derartiges findet sich fast auf jeder Seite des Gedichtes.

Trotzdem haben seine Vasallen wenigstens das Gefühl für

den dem König, als ihrem obersten Lehnsherrn geschuldeten Gehorsam, wenn er sich freilich auch meist eben nur in Worten dokumentirt, wie: (II, 8)

„Contre vous, sire, ne nous devons tenir".

Oder in den ermahnenden Worten Fromonts: (II, 142)

„Nos sires est l'emperères Pepins,
Je suis ses hons et féauté li fis.
Tornons arrières, trop l'avons entreprins".

Und ähnlich: (II, 210)

„De son bon prince doit-on avoir merci,

jedoch hier mit dem Zusatz:

Mais que l'onor en soit au deseur mis".

Das ist freilich nur Redensart, denn thatsächlich geht ihnen nicht nur die Ehre sondern ihr persönlicher Vortheil über diesen Gehorsam.

Bei allen sich erhebenden Streitigkeiten wird der König als der offizielle Schiedsrichter betrachtet; die streitenden Partheien erscheinen entweder auf seinen Befehl oder aus eigenem Antrieb in Paris, um durch ihn ihre Streitigkeiten beilegen zu lassen. Solche grossen Hoftage werden mit allem möglichen Glanz abgehalten; namentlich wetteifern die streitenden Barone in pomphaftem Auftreten miteinander. Sie umgeben sich mit einem grossen Gefolge, einerseits um damit zu glänzen, jedoch auch zu ihrem Schutze, da der Ausgang dieser Sitzungen gewöhnlich Krieg zu sein pflegt. Garin erscheint einmal mit 7,000 Rittern; (I, 134) ein andermal hat er mit seinem Gefolge aller Quartiere in Paris bedurft, so dass Fromont, der später kommt, mit seinen Leuten sich in St. Germain einquartieren muss. (I, 291.) — Der Verlauf der eigentlichen Verhandlungen ist gewöhnlich der, dass die beiden Häupter der feindlichen Geschlechter ihre Angelegenheit vortragen, sich dabei gegenseitig die stärksten Beleidigungen sagen, so lange bis der Eine dem Andern in's Gesicht schlägt. Das ist denn das Zeichen zum allgemeinen Kampf, der ohne die geringste Achtung vor der Autorität des Königs entbrennt. Der Hergang dieser Versammlungen trägt überhaupt einen sehr wenig parlamentarischen Charakter; ist es doch etwas ganz Gewöhnliches, wenn ein unliebsamer Zeuge oder ein zu herausfordernder Ankläger oder auch nur ein Bote, der schlimme Nachrichten überbringt, einfach vor dem Könige niedergeschlagen wird. Der König selbst beträgt sich bei solchen Gelegenheiten auch gerade nicht zum würdigsten; er springt im Aerger mit gleichen Füssen auf den Tisch, um seinen drohenden Worten mehr Nachdruck zu leihen und den Lärm zu übertönen. Gerade die Schilderungen dieser tumultuarischen Sitzungen erscheinen wie Nachklänge einer völlig barbarischen Zeit, wo dem Königthum nicht nur jede Macht sondern auch noch jede äussere Würde fehlte.

Eine Beeinflussung des Königs seitens der Kirche findet sich nur gelegentlich seiner Heirath. (II, 1.) Der Erzbischof Henri von Rains setzt hier mit Aufgebot seiner ganzen Schlauheit die Verbindung Pipins mit Blancheflor durch, im Interesse des Staates sowie des Königs, den zu halten damals der Vortheil der Kirche war; denn er sieht ein, dass die Verbindung Garins mit der reichen Erbin diesem eine Macht in die Hand geben würde, welche dem Königthum im höchsten Grade gefährlich werden könne.

Am Erbärmlichsten zeigt sich der König in seinem Verhältniss zu Blancheflor. Sie ist die eifrigste Partheigängerin der Lothringer, mit denen sie blutsverwandt ist; in ihrem Interesse leitet sie daher den König. Bei jeder Gelegenheit rechnet sie ihm die Verdienste derselben vor und macht ihm klar, dass er überhaupt nur durch Garins Hülfe König geworden sei. Mit diesen Gründen bestimmt sie ihn immer, den Lothringern zu helfen. (II, 108.) Erscheinen die Barone am Hofe, um mit Pipin zu unterhandeln, so mengt sie sich sofort in die Verhandlungen, führt das grosse Wort und entscheidet zum Vortheil ihrer Verwandten. Wenn diese selbst zugegen sind, lässt sich der König das stets gefallen. Aber einmal, als er in Abwesenheit der Lothringer, auf Antreiben ihrer Feinde, einen diesen feindlichen Beschluss fasst, und die Königin es wieder wagt sich einzumengen und ihn mit Vorwürfen zu überhäufen, da schlägt er sie mit dem Handschuh in's Gesicht:

Que quatre gotes de sanc en fist issir,

mit den Worten: (III, 103)

„A vos que tient" — ce li a dit Pepins,
„Se mi baron viénent parler a mi?"

Die Königin schweigt nun zwar, insgeheim jedoch thut sie erst recht Alles, was die Pläne Pipins zu durchkreuzen im Stande ist; ein Gegensatz, den der Dichter charakteristisch in den Worten ausdrückt: (III, 210)

Au roi en poise, et la réine en rit.

Ueber dem verwandtschaftlichen Interesse vergisst die Königin jedoch nicht das des Königs; sie zeigt sich politisch weitsehender als dieser, wenn sie ihn bestimmt, Begon und Garin rasch zu verheirathen, damit die geplante Verbindung des Letzteren mit einer Schwester Fromonts verhindert werde, eine Verbindung, die ja im ersten Augenblick im Interesse des Friedens wünschenswerth erschien, die jedoch die beiden wichtigsten Geschlechter zu einer für den König unbezwingbaren Macht verschmolzen haben würde. — Durch ihre Partheinahme für die Lothringer zieht sich die Königin natürlich den Hass der feindlichen Parthei zu, der sich bei jeder Gelegenheit in den beleidigendsten Aeusserungen ihr gegenüber zeigt, gegen welche der schwache König sie nicht einmal zu vertheidigen wagt. Es sei hier nur die Stelle angeführt, wo Bernart von Naisil der Königin, die ihm Vorwürfe macht, in frechen Worten antwortet: (II, 110)

„Tais folle garce" — dist Bernars de Naisil,
„Fols fu li rois quant de vous s'entremit.
Mal dahés ait qui mariage en fist!
Ne l'en puet bien né honors avenir".

Der König hat für solche Unverschämtheit noch kein Wort des Tadels, und erst durch Garin, dem Blancheflor ihr Leid klagt, erfährt Bernart die verdiente Züchtigung. Im „Girbert" verschafft sie sich sogar selbst Recht, indem sie Fromont, der sie in freilich noch gemeinerer Weise beleidigt, höchst eigenhändig mit der Faust in's Gesicht schlägt: (Mone, loc. cit. p. 248)

La dame l'oït, du sens cuida issir,
Hauce le puing, ens e'l vis le feri
Si que le sanc en fist après issir.

Vom König aber heisst es:
> De sous la table l'emperéor se mist
> Tel paour ot —

Erbärmlicher kann ein König sich in der That kaum betragen! — Noch unwürdiger freilich ist sein Verhalten, als er sich von Guillaume de Blanchefort durch Geld und Kostbarkeiten bestechen lässt, den Lothringern ein Jahr lang seinen Beistand zu versagen. (III, 102.) Dafür muss er sich freilich von der Königin sagen lassen:
> „Je sai de voir", la réine avoit dit,
> „Que vos avez felon cuer de mastin".

Die Stellung des Königs seinen Baronen gegenüber ist eine sehr eigenthümliche. Er weiss, dass seine Autorität eben nur anerkannt wird, wenn es im Vortheil des Einen oder Andren liegt. Der Begriff des Staates fehlt ja noch vollständig; es existirt für diese Menschen noch nicht die Einsicht, dass es ein höheres, allgemeineres Interesse giebt, als das der Person und Familie. Sie haben ja auch von einem geordneten Staat keinen Vortheil zu erwarten; im Gegentheil, ein solcher könnte diese unruhigen Elemente in seinem Inneren gar nicht dulden. Sie lassen das Königthum nur bestehen, weil sie es einander nicht gönnen; sie sehen lieber die oberste Macht in den Händen eines Königs und zwar eines schwachen Königs, als in denen ihrer Feinde. Ihre gegenseitige Rivalität ist die Grundlage, auf welcher das Königthum beruht; diese Rivalität zu nähren ist daher die nothwendige Politik des Königs. Pipins Sympathie ist ja auf Seiten der Lothringer und doch rettet er zum Beispiel den Uebelthäter Bernart vom sichern Untergang. Je mehr sich das Glück auf die Seite dieser neigt, je grössere Vortheile sie sich erringen, desto mehr stellt sich Pipin auf die Seite von Fromont, indem er durch sein eigen Gewicht das Gleichgewicht auf beiden Seiten wiederherzustellen sucht. Er darf keine Parthei zu Grunde gehen lassen. Als Blancheflor in ihrem unbezähmten Hass den Wunsch ausspricht, dass das ganze Geschlecht Fromonts zu Grunde gehen möge, weist Pipin sie mit den Worten zurück: (III, 70)

> „Trop par seroit affaibli mon païz".

Die Königin selbst sagt ihm später, bei ruhigerer Ueberlegung, warnend:

„L'an ne doit mie ses hals barons laidir"!

Seine Lage ist freilich keine beneidenswerthe. Auch seine Stellung als oberster Lehnsherr, über welche ich bei Gelegenheit des Lehnswesens noch eingehender zu handeln haben werde, verleiht ihm keine grössere Bedeutung. Mag die Lehnstreue auch sonst noch so sehr als unverletzlich gelten und ihre Verletzung mit den härtesten Strafen geahndet werden, hier, dem König gegenüber, machen sich die grossen Vasallen keinen Augenblick ein Gewissen daraus, diese Treue zu brechen und sich offen gegen den König aufzulehnen; hat dieser doch keine Macht über sie und kann sie nicht bestrafen, wie ein grosser Vasall etwa einen seiner aufrührerischen Lehnsleute bestrafen würde. Wird einmal einer der grossen Barone vom Könige besiegt, so begnügt er sich einfach mit dem Versprechen der Unterwerfung; vernichten kann und darf er ihn nicht, da er ihn als Gegengewicht gegen den Anderen zu nöthig hat. Das wissen seine Vasallen, daher spotten sie aller königlichen Machtgebote. Als ein Beispiel für viele sei hier nur der Geleitsbruch, den die Lothringer verüben, angeführt. Der König entlässt Guillaume de Blanchefort von seinem Hofe mit dem königlichen Geleit, unter dessen Schutz er sicher in seine Heimath gelangen soll; einer seiner Kämmerer muss ihn begleiten, um nöthigenfalls das Geleit zu verkünden. In der That hat die Königin Garin von dem Kommen seiner Todfeinde (der Mörder von Begon befindet sich bei Guillaume) unterrichtet; dieser legt sich in Hinterhalt und greift ihn mit seinen Leuten an. Der Kämmerer reitet zwar vor und verkündet den Schutz des Königs mit den Worten:

„Sire vaxax, l'empereres Pepins
A en conduit Guillaume le marchiz,
Tant qué il soit arriers en son palz;
Si vos gardez qué il n'i-soit laidis.
Jamais nul jor ne seroit vostre amis;
Aincois fairoit trestos vos fiés saisir."

Jedoch diese Worte vermögen keinen Augenblick die blutige Rache zu verhindern; Guillaume und seine Begleiter werden in grausamster Weise niedergemetzelt. Zu spät kommt diesem die Einsicht:

„He! Rois de France tes conduis valt petit!"

Ueberblicken wir noch einmal diese kurze Untersuchung, so zeigt sich uns in der Gestalt des Königs nur ein Zerrbild königlicher Macht, wie es die Geschichte jener Zeit zweimal aufweist; einmal und am ausgeprägtesten bei den letzten Merovingern und dann bei den letzten Karolingern. Freilich fiel auf die Letzteren immer noch der Glanz ihres gewaltigen Ahnen, der hier dem Königthum wenigstens äusserlich eine gewisse Würde wahrte, während in der Darstellung unseres Gedichtes dem König jede Würde fehlt. Nicht eine Spur von Ehrfurcht und Pietät ist darin zu finden, so dass hier jene frühere Periode ihre deutlichen Spuren hinterlassen zu haben scheint.

Ich will an dieser Stelle einfügen, was unser Gedicht über das Leben am Hofe enthält. Die Ausbeute ist hier eine erstaunlich geringe, ein Umstand, der abermals charakteristisch für diese Dichtung ist. Während andere Dichter niemals die Gelegenheit vorübergehen lassen, das Leben am Hofe in allen Einzelheiten zu beschreiben, die Ceremonien bei festlichen Gelegenheiten zu schildern, die Pracht und den Aufwand mit den glänzendsten Farben zu malen, wird hier über solche Dinge mit ein paar Worten weggegangen. Auch hier wieder der Beweis, dass diese Sage einer älteren Zeit entstammt, einer Zeit, die eben für derartige Schilderungen entweder überhaupt kein Interesse hatte oder solche ceremoniösen Festlichkeiten noch nicht kannte. Man vergleiche nur die Schilderung einer festlichen Hoftafel im Buche von Alwin Schulz mit folgender Stelle in unserem Epos: (II, 14)

> Grant sunt les noces que l'empereres tint.
> Dou mangier sert dans Begues de Belin;
> Panetiers fu li bons dus Auberis,
> Girars dou Liege et l'Allemans Ouris;
> Et eschanson Jofrois li Angevins,
> Et Hernaïs et Gautiers de Paris;
> Devant lo roi esta en piés Garins,
> De la grant coupe servi le roi Pepin.

Das ist die ganze Schilderung der grossen Hoftafel, welche Pipin bei Gelegenheit seiner Vermählung mit Blancheflor abhält. Wir können aus dieser Stelle entnehmen, dass ein gewisses Ceremoniell bei solchen Gelegenheiten existirte, dass es die Grossen sich zur Ehre rechneten, den König bei Tafel zu bedienen und dass es für eine besondere Auszeichnung galt, das Mundschenkenamt zu versehen. Diesem letzten Amte wurde sogar eine so grosse Bedeutung beigelegt, dass es die beiden mächtigsten Vasallen einander streitig machten, und es als wichtig genug betrachtet wird, den äusseren Anlass zu erneutem Streit zu bieten, indem nämlich Bernart dasselbe mit frechen Worten für Fromont beansprucht und dafür einfach von Garin mit dem grossen goldenen Becher niedergeschlagen wird. (II, 15, 16.) Dass überhaupt ein solcher Streit an der königlichen Tafel entstehen kann, scheint zu beweisen, dass wir es hier noch mit den unbestimmten Anfängen dieser Formen und Sitten zu thun haben, noch nicht geregelt durch bestimmte Gesetze. Zu beachten ist ausserdem, dass die Hoffestlichkeiten noch nicht mit den Kirchenfesten an Weihnachten, Ostern und Pfingsten zusammenfallen; wenigstens wird dergleichen nirgends erwähnt. Ausser der Hochzeit des Königs bieten den Anlass meist auszugleichende Streitigkeiten. —

Ueber den eigentlichen Hergang der Festlichkeiten erfahren wir nichts; wir hören weder von Spielleuten, noch von Tanz, noch auch wird von grossem Aufwand an Speisen und Getränk etwas erzählt. Das Einzige, wonach wir uns etwa eine Vorstellung der königlichen Küche machen können, ist die Erzählung, dass Begon zu dem im Speisesaal entbrannten Kampfe sechsundsechzig Köche aufbietet, eine Zahl, die übrigens im Verhältniss zu der ungeheuren Menge der Gäste nur gering erscheint. Weder der Sänger noch sein Publikum muss für diese Einzelheiten Interesse gehabt haben; sie werden eben als bekannt vorausgesetzt. Die Erzählung drängt bei solchen Gelegenheiten nur zu dem sich jedesmal entwickelnden Streit. — Ausser diesen gerade durch ihre Dürftigkeit charakteristischen Nachrichten, enthält das Gedicht nur noch sehr geringe Nachweise über das Leben am Hofe. Zunächst sehen wir, dass es Sitte ist bei den Grossen, Söhne wie Töchter an den Hof zu schicken, um hier dem König oder der Königin zu dienen. So heisst es I, 64, dass der König
  Sor tous se loe de Begon le petit,
  Qui volentiers le sert devant son lit.

Und an anderer Stelle (III, 22):

> Devant le roi servi l'enfes Gerin.

Im Girbert sagt die Königin (cf. Mone, p. 249):

> „Dedens mes chambres as puceles jentis,
> Filles as princes, as demaines marchis."

Diese bilden augenscheinlich den Hofstaat der Königin und begleiten sie bei allen festlichen Gelegenheiten. Erwähnt wird es indessen nur einmal bei dem „adoubement" des Girbert, wo sie sich mit zehn ihrer Jungfrauen vor die Stadt begiebt, um den Kampfspielen der jungen Ritter zuzuschauen (III, 22):

> S'en est issue o damoiselles diz.

Hier wird denn auch erwähnt, dass diese Jungfrauen die Ritter nach beendetem Kampf bei ihrer Rückkehr in's Schloss bedienten, (III, 23):

> La véissiez maint damoisel venir,
> Qui henas portent et d'argent et d'or fin.

Zu seiner Bedienung hatte der König ausser Pagen und Knappen noch seine Kämmerer, deren Amt, wie es scheint, kleinere, direkt von ihm abhängige Vasallen versahen. Auch die Königin hatte ihre besonderen Knappen und Kämmerer zur Bedienung, meist Leute aus ihrem eigenen Erblande: (III, 47)

> Ses chamberlains de sa terre norris.

Sie scheinen die Aufsicht über ihre Schätze zu führen, denn sie trägt ihnen auf, Rigaut mit allen Mitteln zu unterstützen. — Ihre besonderen Knappen hatte sie zur Besorgung ihrer Pferde: (III, 211)

> Son escuier apele, si li dit;
> „Met tost ma sele orendroit, Biax amis".

Von der eigentlichen Dienerschaft, dem grossen Tross, der einen solchen Hof zu umgeben pflegt, ist nirgends die Rede. —

Das geringe Interesse an Allem, was das Hofleben angeht, erklärt sich zum guten Theil wohl auch aus dem geringen Interesse an der Person des Königs selbst, welches das Gedicht ja überall geflissentlich hervorkehrt; doch erklärt es sich jedenfalls auch daraus, dass unsere Sage eben einer Zeit angehört, wo die

Phantasie der Dichter den König und seinen Hof noch nicht mit jenem märchenhaften Glanz umgeben, wie ihn uns die Werke des zwölften und dreizehnten Jahrhunderts schildern.

II. Kirche.

Ist das Königthum machtlos gegenüber seinen trotzigen, eigenwilligen Vasallen, so kann sich die Kirche eines Einflusses, ja nur einer Macht über die Gemüther dieser Menschen ebensowenig rühmen. Auf den ersten Blick freilich scheint diese Gesellschaft von einem tiefen religiösen Gefühl belebt, das sich bei jeder Gelegenheit in frommen Worten und Thaten äussert. Sieht man indessen näher zu, so wird klar, dass man es eben hier nur mit Aeusserlichkeiten zu thun hat, die ihren Grund nicht in wirklich religiösem Fühlen und Denken haben, sondern vielmehr in der abergläubischen Furcht vor dem Uebernatürlichen, aus welcher sich ja die Religionen aller Zeiten und aller Völker als ihrem Urkeim entwickelt haben. Die ganze Auffassung des Christenthums ist eine noch sehr naiv kindliche; diese Menschen sehen nur seine äusseren Formen; in Erfüllung dieser äusseren Formen besteht ihre Frömmigkeit. Die eigentlichen Grundsätze und Ideen der christlichen Religion beeinflussen ihre Handlungs- und Sinnesweise nicht im Geringsten. Die äusseren Formen freilich haben sie sich derart angeeignet, sie sind ihnen so in Fleisch und Blut übergegangen, dass sie dieselben bereits vollständig mechanisch ausüben.

Der Name Gottes wird zunächst, sozusagen, fortwährend im Munde geführt. Fast jede Rede beginnt mit der Anrufung Gottes; Redensarten wie: En non Dieu — (II, 46); Si m'aït Diex — (I, 122); Foi, que dois Dieu — (I, 171); Por dieu (I, 231) und ähnliche begegnen dem Leser auf jeder Seite. Bei den blutigsten Rache- und Mordgedanken heisst es: Se Dex ce done — oder: Dieu te doint vie, que les puisses vengier (II, 85). — Jede einigermaassen feierliche Begrüssung lautet: (I, 189) Diex vous saut, sire, qui en la crois fut mis — und die Antwort, selbst dem geringen Boten gegenüber lautet: Diex beneïe ti!

Oder bei der Höflichkeitsfrage: Com vous est-il? — lautet die Antwort stets; la dame Dieu merci! (II, 128). Jedes Tagewerk beginnt mit der Messe; die Worte: La messe oït — und: Messe ot oïe — werden förmlich zur stehenden Redensart. Bei festlichen Gelegenheiten ist sogar von zwei Frühmessen die Rede; die erste wird „matines", die zweite „messe" genannt. (II, 4—5). Bei den „adoubements" spielt die Messe eine grosse Rolle, wovon wir später noch zu handeln haben werden. Auch im Krieg wird sie nie vergessen. Vor einer entscheidenden Schlacht wird zudem meist noch gebetet, so I, 19:

> Glorieus Sire, qui mains en trinité
> Et qui nous done et soloil et clarté,
> Preste moi force, sc il te vient à gré,
> Par quoi ils soient mort et débareté,
> Et essauciée sainte Crestienté.

Die kirchlichen Ceremonieen spielen bei jeder Gelegenheit eine grosse Rolle. Bei Taufen, Hochzeiten, Bestattungen werden sie immer wenigstens mit ein paar Worten, wie: Clers et provoires i ot au benéir (I, 158) erwähnt. Besonderes Gewicht wird namentlich auf kirchliches Begräbniss gelegt. Die Leichenfeierlichkeiten werden gewöhnlich einer eingehenderen Beschreibung gewürdigt, so I, 261:

> Là véissiez tant bons sautiers tenir,
> Chanter ces moines et lor chans esbaudir,
> Crois et chandeilles et esauciers tenir;

eine Schilderung, wie sie bei jeder derartigen Gelegenheit wiederkehrt. Namentlich auch im Kriege wird streng darauf geachtet, dass die Leichen der im Kampfe Gefallenen ein christliches Begräbniss erhalten. So heisst es II, 88:

> Lor autres mors ont toz en terre mis:
> Crois font sor aus, qu'il erent droit martir,
> Por lor seignor orent esté ocis.

Meist wird sogar für die Bestattung der Toden ein besonderer Waffenstillstand verlangt und fast immer auch bewilligt (II, 177), wenn auch oft sehr wider Willen (III, 56.). Einmal kommt es trotzdem vor, dass dieser Waffenstillstand geradezu verweigert wird (III, 161); in diesem Falle werden jedoch vierzehn Mönche auf das Schlachtfeld geschickt, welche die Leichen holen sollen. Ueberhaupt scheinen die Mönche bei den Schlachten Samariterdienste geleistet zu haben; III, 153 wird der verwundete Bernart von Mönchen vom Schlachtfelde weg in's Kloster getragen. — Den Leichnam selbst eines Feindes unbeerdigt liegen zu lassen, wird für Sünde erklärt; so tadelt Fromont die Mörder von Begon, welche die Leiche im Walde gelassen, mit den Worten: (II, 243)

— Or est-ce grans pechiés.
Alez, signor, jà est-il crestiens.

Am naivsten offenbart sich dieser Glaube an die äusseren Ceremonieen des Christenthums in der Erzählung von dem Tode des Begon, der nicht ohne die Sterbesakramente aus der Welt gehen will und sich folgendermassen hilft: (II, 240)

Trois foilles d'erbe a prins entre ses piés,
Si les conjure de la vertu del ciel,
Por corpus Deu les reçut volentiers. —

eine Erzählung, die sich in ganz ähnlicher Weise bei dem Tode des Huon (III, 132) wiederholt. —

Ueberblickt man das bisher Gesagte, so muss es scheinen, als ob das Christenthum in den Herzen dieser Menschen sich bereits einen gewaltigen Platz erobert habe und sie vollständig beherrsche; und in der That ist das der Fall, jedoch nicht anders als etwa im Herzen eines Kindes, das sein Morgen- und Abendgebet regelmässig spricht, sein Kreuz schlägt und getreulich alle Formen beobachtet, die man es gelehrt, ohne deren Sinn zu kennen. Betrachtet man einerseits die Verweltlichung des Clerus, andrerseits die ungezügelte Roheit der Laien, die Geringschätzung, mit welcher sie die Diener und Würdenträger der Kirche behandeln, ja misshandeln und oft genug geradezu ermorden, so wird es klar, wie wenig noch der eigentliche Kern der christlichen Religion, ihre Sittenlehre, Eingang in die Herzen der Menschen gefunden. Sie haben dafür überhaupt kein Verständniss — ihr höchstes Sittengesetz ist das der Blutrache! Ein einziges Mal nur kommt es vor, dass sich in einem dieser wilden Herzen wirklich religiöse Gefühle regen, die sofort in Widerstreit gerathen mit den Gefühlen der Rache, welche es beseelen. Es ist das die merkwürdige Stelle, wo Garin, der von Eroberung zu Eroberung, von

Verwüstung zu Verwüstung eilend, Grausamkeiten auf Grausamkeiten gehäuft hat, um den Mord des Bruders zu rächen, wo dieser sich plötzlich, ohne jede äussere Veranlassung inmitten seines blutigen Thuns mit den Worten unterbricht:

„Dex!" dit Garins, „qui formas tote gent,
De grant pechié me vois entremetant;
Je n'en puis mais et angoisse i ai grant;
Mort ont mon frere, le hardi combatant,
Le meillor home qui onques fust vivant,
Dont j'ai le cuer correcié et dolant."

Wie klingt aus diesen Worten die naive Ueberzeugung, dass Gott doch einsehen müsse, dass er nicht anders habe handeln können, denn er müsse ja den Bruder an seinen Feinden rächen. — Das ist aber auch der einzige Zug dieser Art, welcher in dem ganzen Gedicht vorkommt. Nirgends findet es sich, dass einer dieser Helden Gewissensbisse empfindet über die Unthaten, die er in seinem Leben verübt hat. Mit drei Blättern, die er an Stelle des Leibes des Herrn vor dem Sterben nimmt, glaubt er mit Sicherheit der ewigen Seligkeit im Jenseits theilhaftig werden zu können. Glücklicher Wahn eines kindlichen Herzens!

Die Verweltlichung des Clerus findet zahlreiche Beweise in unserem Gedicht. Hervis sendet den Abt von Gordes, einer Abtei in der Nähe von Metz, auf die Brautwerbung. Da heisst es denn (I, 48):

Riches est l'abbes, et moult richement va.

Mit fünfzehn Mönchen und vielen Rittern zieht er aus. Desgleichen ist (II, 249) der Abt Liétris, als er an den Hof des Fromont kommt, von kriegerischem Gefolge begleitet; er beträgt sich bei der Nachricht von der Ermordung des Begon überhaupt sehr wenig, wie es einem Geistlichen geziemt, er flucht beim Teufel und droht geradezu aus dem Kloster auszutreten:

— „Or me verrez de moniage issir,
Le blanc haubert endosser et vestir;
Et manderai de mes riches amins" — u. s. f.

Mönche, Aebte, ja sogar die Bischöfe scheinen dem Kriegshandwerk nicht abhold gewesen zu sein; so heisst es (I, 12):

Mais li bons abes fit le moustier horder,
Por le deffendre trois cens moines armer.

Ja der Bischof Lancelin wird einmal geradezu „li guerriers" genannt (III, 140). Die kriegerischen Gelüste der Geistlichkeit werden als etwas vollkommen Natürliches und Zulässiges betrachtet; sie erklären sich in der That sehr leicht, wenn man sieht, wie es etwas ganz Gewöhnliches in unserem Gedicht ist, den Harnisch mit der Kutte und umgekehrt die Kutte mit dem Harnisch zu vertauschen. So hören wir von Garin, dass er in seiner Jugend zum Geistlichen bestimmt gewesen; auch von Bernart von Naisil wird erzählt, dass er Mönch des Klosters St. Vane (III, 153) gewesen sei. Offenbar hatte beiden das Klosterleben nicht behagt und sie sind dem Zuge ihrer kriegerischen Natur gefolgt. Oft genug mögen indessen solche Elemente bei der Geistlichkeit geblieben sein und mit ihren ritterlichen Neigungen auch die anderen angesteckt haben. — Sehr häufig kommt es vor, dass die Helden nach einem in stetem Kampf verbrachten Leben sich in's Kloster wieder zurückziehen um hier ihre Sünden zu bereuen. Bernart tritt zum Beispiel wieder in dasselbe Kloster, das er verlassen; Fromondin wird sogar Einsiedler. Auch hier vermag das Gewand es nicht, den Menschen zu ändern; beim ersten Anlass werfen sie das Crucifix weg und ergreifen ihr mächtiges Schlachtschwert. Ja Fromondin benutzt sogar sein frommes Gewand um seine Feinde in seine Zelle zu locken, wo er sie meuchlerisch ermorden will; er wird jedoch verrathen und kommt in der selbst gestellten Falle um. — Ein anderes Zeugniss für die Verderbtheit der kirchlichen Zustände finde ich in der Erzählung, wie der Erzbischof von Rains die Ehe Garins mit Blancheflor dadurch hintertreibt, dass er zwei Mönche auf die Reliquien von Saint Denis deren Verwandtschaft beschwören lässt. Paris glaubt zwar, dass der Dichter den Mönchen hier keinen falschen Eid zuschreiben will, dass er fest an die Wunderkraft der Reliquien glaubt, die unverändert bleiben, weil eine Verwandtschaft in der That existirt habe. Das erscheint mir zweifelhaft, denn der Dichter würde es doch für nöthig gefunden haben, es irgendwo hinzuzusetzen, uns darüber aufzuklären. Die Darstellung klingt nicht anders, als ob die Mönche, bestochen von dem Erzbischof, wissentlich einen Meineid geleistet; ist es doch im Interesse der Kirche — und des allgemeinen Wohles! Dass der Dichter jedenfalls nicht an die

Wunderkraft der Reliquen glaubte, beweist auch die Stelle (II, 32), wo er Isoré ebenfalls einen hier ganz offenbaren Meineid auf dieselben schwören lässt; ja hier lässt er sogar Begon mit den Worten entgegnen:

— „Vous i avez menti,
Comme parjure je vous lieve de ci;

Und trotzdem erzählt er nichts von einer Verwandlung, die mit den Reliquien vorgegangen sei. Bei derartigen kirchlichen Zuständen kann das Betragen der Laien dem Clerus gegenüber kaum Wunder nehmen. Die Person eines Geistlichen flösst ihnen nicht die geringste Achtung ein; sie behandeln sie wie ihresgleichen. Begon besinnt sich keinen Augenklick, jene Mönche, welche den Meineid schwuren, im ersten Zorn zu ergreifen und sie in Gegenwart des ganzen Hofes und der gesammten Geistlichkeit zu Boden zu schleudern mit den Worten: (II, 10)

„Fis à putain, où avez-vous ce prins?
Mal dahés ait qui les dras vous vestit!"

Weit schlimmer jedoch als diese Handlungsweise, welche schliesslich in der Nichtswürdigkeit der Gezüchtigten ihre Rechtfertigung findet, erscheint die Ermordung des Helden unseres Gedichtes, Garin, deren Schilderung zugleich eine der ergreifendsten Stellen der ganzen Dichtung bildet. Er wird mit seinen Söhnen von einer erdrückenden Ueberzahl von Feinden hinterlistig angegriffen, vertheidigt sich wie ein Löwe und als er Alles verloren sieht, deckt er mit seinem Leibe unter Anspannung seiner letzten Kräfte den Rückzug seiner Kinder Hernaut und Gerin. Kampfesmatt und zu Tode gehetzt flüchtet er dann in eine Kapelle; dort umklammert er den Altar, und erfleht in rührenden Worten Gottes Verzeihung für seine Missethaten und seine Hülfe. Seine Feinde, an der Spitze der Bischof Lancelin und Guillaume de Monclin, folgen ihm und ohne Ehrfurcht, ohne Achtung vor Gott und seiner geweihten Stätte wird der Wehrlose erbarmungslos hingeschlachtet. Lancelin, der sich nicht gescheut, sich mit eigener Hand an dem Morde zu betheiligen, trifft freilich später die wohlverdiente Strafe. Er wird von dem Sohne Garins, Girbert, auf der Eberjagd ebenso erbarmungslos ermordet und sein Leib in Stücke zerhauen und zerstreut. (cf. Mone p. 245—46.) Diese wenigen Beispiele werden genügen, zu beweisen, wie geringe Macht die Kirche damals über die Gemüther der Menschen hatte und in welch' traurigem Zustande der Zerrüttung sie sich selbst befand. In welchen Zeitraum der Geschichte aber passen diese hier geschilderten Zustände? — Vergleichen wir das Bild der Kirche, wie es unser Gedicht entrollt, mit der Darstellung, welche Guizot im ersten Bande seiner „Histoire de la civilisation en France" von der Kirche des achten Jahrhunderts giebt, so ist die Uebereinstimmung eine geradezu überraschende. Ich kann mir nicht versagen, seine Worte hier anzuführen: „Au commencement du VIIIe siècle, l'Eglise était tombée dans un désordre presque égal à celui de la société civile. Sans supérieurs et sans inférieurs à redouter, dégagés de la surveillance des métropolitains comme des conciles, et de l'influence des prêtres, une foule d'évêques se livraient aux plus scandaleux excès. Maîtres des richesses toujours croissantes de l'Eglise, rangés au nombre des grands propriétaires, ils en adoptaient les intérêts et les moeurs: ils abandonnaient leur caractère ecclésiastique pour mener la vie laique; ils avaient des chiens, des. faucons de chasse; ils marchaient entourés de serviteurs armés; ils allaient eux mêmes à la guerre: bien plus, ils faisaient contre leurs voisins des expéditions de violence et de brigandage ... u. s. f. (p. 396.) —

Selbst ein Theil der Gründe, welche Guizot für diese Verderbtheit der kirchlichen Zustände anführt, lassen sich in unserem Gedichte nachweisen. So sagt er unter Anderem, dass namentlich das Ueberhandnehmen der Privatkapellen und der Privatgeistlichen, die sich die grösseren Vasallen in ihren Schlössern hielten, viel zu der Auflösung beigetragen, indem sie den Laien jeden religiösen Beistand, unabhängig von dem Bischof der Diözese, verschafften, ein Umstand der in der That von verschiedenen Conzilien in ernste Erwägung gezogen worden (p. 371.). Er wird durch unser Gedicht in jeder Weise bestätigt; hier hat jeder grössere Vasall seine besondere Kapelle und seinen besonderen Kaplan. Stellen wie die folgende: (III, 65).

.Ses chapelains estoit ja revestis:
Messe li chante, li bers Rigaus l'oï.

finden sich sehr häufig. — Ebenso wird durch unser Gedicht der Umstand bestätigt, dass einzelne Kirchen sich mächtige weltliche Fürsten zu Schutzherrn wählten, welche dann grossen Einfluss auf die Verwaltung der Kirche übten. Man vergleiche hierzu nur die Stelle, wo Fromont auf die Drohung des Abtes Liétris erwidert: (II, 250)

„Ha! sires Abes, por l'amor Dieu merci!
Por saint Sepucre ne faites mie ensi!
Vous estes abes et je quens del païs;
Qui vous forfait ja venez-vous à mi,
Et je vous fais de vos rentes joïr;
N'est-il un seul qui riens vos ost tollir."

Fromont spielt sich hier vollständig als der Beschützer des Abtes auf, und zwingt ihn, seinen Befehlen zu gehorchen. — Man sieht, auch die Schilderungen der kirchlichen Zustände scheinen aus jener früheren Periode hervorgewachsen zu sein, welche wir als die eigentliche Zeit der Ausbildung unseres Gedichtes betrachten möchten.

III. Ritterthum.

Kommen wir nun zu dem Ritterthum selber, zur Schilderung des Lebens und Treibens dieser mächtigen Vasallen, die dem König wie der Kirche mit gleichem Trotze gegenüber standen. Zunächst müssen wir dabei vollständig absehen von allen jenen Begriffen und Anschauungen, welche wir mit dem Worte „ritterlich" zu verbinden gewohnt sind und die auf das höfische Ritterthum des zwölften und dreizehnten Jahrhunderts anwendbar sind. Der Unterschied wird am Deutlichsten in einer Vergleichung unseres Gedichtes mit der Darstellung, welche La Curne De Sainte-Palaye in seinen: „Mémoires sur l'ancienne Chevalerie" giebt. Aus ihr geht klar hervor, dass wir es hier eben nur mit den rohen Anfängen des eigentlichen Ritterthums zu thun haben.

Es ist eine Gesellschaft von Aristokraten, die, im Besitze weiter Länder, fester Städte und Burgen, eine vollkommen unabhängige Stellung einnehmen und so den Kern des Ritterthums bilden, wie es unser Gedicht schildert.

Das Lebenselement dieser Aristokratie ist der Krieg. Er ist für diese Recken keine Last sondern eine Lust; der Friede ist für sie schlimmer als der Krieg. Welch' eine tödliche Langeweile mussten sie in Friedenszeiten innerhalb der Mauern ihrer festen Schlösser ausstehen! Ausser der Jagd keine Unterhaltung! Lesen und Schreiben ist ihnen eine fremde Kunst. Wie sollte auch eine Hand, die gewohnt ist, das zweihändige Schlachtschwert zu schwingen, mit der Feder fertig werden! Eine Ausnahme macht hier nur Garin, von dem es jedesmal besonders hervorgehoben wird, dass er gelehrte Bildung genossen: (I, 179)

> Bien savoit lire et roman et latin.

Alle anderen Ritter, der König nicht ausgenommen, sind immer begleitet von ihrem „clerc" oder „chapelain", der ihnen die lateinischen Briefe ins Romanische übersetzt und ihre romanisch diktirten Briefe lateinisch niederschreibt. So heisst es z. B.: (I, 281)

> Un chapelain apelle, si li dist:
> „Fais unes letres or en droit, biaus amins,
> „Si les envoies Fromont le poesti".
> Il les devise, cil les met en escrit.

Der Krieg ist nun einmal das Element dieser Leute; so ruft Begon, der Achilles dieser altfranzösischen Iliade, als er zum Kampf gefordert wird: (II, 177)

> „Sur toutes choses itex gieux m'abelit."

und Bernart antwortet dem Boten, durch den Fromont ihn zu seiner Hülfe rufen lässt: (I, 183)

> — „Or enforce mes pris
> Et ma grant joie et mes tres grant delis."

Auf mächtigem Streitross sich in das Getümmel des Kampfes zu stürzen, oder im festen Schloss der Uebermacht der Feinde Trotz zu bieten, ist ihr liebster Zeitvertreib. Wie herausfordernd klingen die stolzen Worte des Fauconès, des Sohnes des Bernart von Naisil, mit denen er denjenigen antwortet, welche ihn zur Uebergabe des Schlosses auffordern: (1, 232)

> „Se je tenoie l'ung pié en paradis
> Et l'autre avoie au chastel de Naisil

> Je retrairoie celui de paradis
> Et le mettroie arrier dedans Naisil."

Bezeichnende Worte für den ganzen kriegerischen Trotz dieser Vasallen, die in ihren festen Schlössern dem Himmel selber glauben Hohn sprechen zu können. Sie lieben aber auch ihre festen Schlösser, die ja den Grundpfeiler ihrer ganzen Macht bilden, über Alles. Bernart will alle seine Eroberungen herausgeben, alle geforderten Bedingungen erfüllen, wenn ihm nur sein Naisil unversehrt erhalten bleibt. Als bei der zweiten Uebergabe sein Schloss hinter seinem Rücken dennoch zerstört wird, klagt er:
(II, 62)
> „Si grant outraige ains de mes iex ne vis.
> Sé je séusse, certes que fust ensi.
> N'i entrissiez, jusqu'al jor del juis!"

Neben dem Schloss ist es besonders das Streitross, das sie als ihren treuen Genossen in Freud' und Leid am meisten lieben. Man lese nur die Worte, welche Begon an sein Ross richtet, als er müde von der Jagd die Nacht im Walde, fern von seinen Genossen, die ihn aus den Augen verloren, zubringen muss:
(II, 230)
> „Baucent", dist-il, „je vos doi mout amer;
> De maint besoing avez mon cors gardé;
> Sé je éusse né avaine né blé
> Je vous donaisse volontiers et de gré.
> Sé je repaire, bien iert gueredoné". —

Worte, die in ihrer rührenden Einfachheit und Naivetät in den Mund eines Kindes passen. —

Das höchste und man kann sagen einzige Gesetz, dem diese wilden Naturen sich fast bedingungslos fügen, ist das Gesetz der Blutsverwandtschaft; die eigentlichen Gesetze des Ritterthums und Lehnswesens kommen erst in zweiter Linie. Einem von seinen Feinden bedrängten Verwandten zu Hülfe zu eilen, ihn mit allen Mitteln zu unterstützen, ist oberste Pflicht. Ein Streit, den ein einziges Glied einer Familie, sei es mit oder ohne eigenes Verschulden, beginnt, zieht das ganze Geschlecht herein. Die Ursache der ganzen Fehde, die unser Gedicht beschreibt, ist ein Streit, den der alte Hardré und Fromont am Hofe mit Garin und den Seinigen angefangen, in welchem Hardré getödtet worden; — Grund genug, um einen sich auf Söhne und Enkel vererbenden, blutigen Krieg von Geschlecht gegen Geschlecht zu erzeugen. Bernart von Naisil, der diesen Krieg immer und immer wieder von Neuem anfacht und die Gründe dazu vom Zaun bricht, angetrieben von seinem unauslöschlichen, wilden Hass gegen das feindliche Geschlecht, kann man mit vollem Recht den bösen Geist seines Geschlechtes nennen; er führt es seinem sicheren Verderben entgegen. Dieser blinde Hass findet so recht seinen Ausdruck in den Worten: (II, 40)

„Mieus vouroie estre traïnés à roncins,
Ne me vengeasse dou Loherenc Garin
Et de Begon le laron de Belin,
Qui mon linage ont et mort et honni".

Er treibt es freilich so weit, dass sogar einmal der Fall eintritt, wo Verwandte gegen Verwandte kämpfen. Fromont muss mit dem König gegen den aufrührerischen Bernart ziehen (II, 54), durch einen Eid gebunden, den er geleistet, um sein Leben zu retten. Freilich darf er es auch hier nicht so weit kommen lassen, dass der König seine Drohung gegen Bernart:

„Que il sera escorchiés trestout vis,
En aigue chaude iert li siens cors boullis."

wirklich ausführt, denn:

„Sé il ce fait nous sommes tous honnis".

Bernart wird daher gewarnt nnd zur Nachgiebigkeit aufgefordert. — Das ist aber der einzige Fall dieser Art; sonst wird selbst Fromont, wenn er auch das Tadelnswerthe in der Handlungsweise des Bernart einsieht, immer wieder in den Kampf hineingezogen; denn: (II, 133)

„Qui son nés coupe, il déserte son vis",

ein Grund, gegen den es keinen Einwand giebt. — Die oberste Pflicht aber, welche diese Gesetze der Blutsverwandtschaft auferlegen, ist die Pflicht der Blutrache. Die Ermordung eines Verwandten muss durch die Ermordung des Mörders gesühnt werden — eine blutige Pflicht, in welcher die grausamsten, mit keinem Gesetz, keiner christlichen Sitte zu vereinbarenden Thaten ihren Grund, ja ihre Entschuldigung finden. Die entsetzlichsten Gewaltthaten, welche in Ausübung dieser Pflicht begangen werden, werden nicht als Unrecht empfunden; ein Unrecht wäre es im Gegentheil, sich ihr zu entziehen, den Mörder zu schonen. Nur in jenem einen Falle, den ich oben angeführt, (III, 206) wo Garin seiner Blutthaten reuig gedenkt, findet sich die Erkenntniss einer höheren Pflicht, einer edleren, reineren Sitte, wie sie das Christenthum lehrt. Aber zu tief noch wurzelt auch in seinem Herzen die von den Vätern vererbte Gewohnheit, und das blutige Naturgesetz des wilden Heidenthumes trägt den Sieg davon über die unnatürliche christliche Lehre von der Vergebung. — Dieses Gesetz der Blutrache bildet den Grundgedanken unseres Gedichtes; wie ein schreckliches, unabwendbares Schicksal schwebt es über den Häuptern seiner Helden und führt sie auf blutgetränkten Pfaden zu dem einen, unvermeidlichen Ziele, zu gegenseitigem Mord und Vernichtung. Es verleiht der Dichtung ihren eigenthümlichen heidnischen Grundcharakter und spricht beredt für den barbarisch germanischen Ursprung der Sage. Nur bei barbarischen, in einem Zustand roher Unkultur befindlichen Völkern kann es sich in solcher Ausdehnung finden; die ersten Gesetze eines keimenden Staatswesens müssen nothwendig sich auf den Schutz des Lebens seiner Bürger beziehen und solche jeder Ordnung feindliche Sitten vor Allem aus dem Wege räumen.

Diese heidnische Sitte der Blutrache bildet jedenfalls den grössten und auffallendsten Gegensatz zu den durch und durch christlichen Anschauungen des späteren Ritterthums, das Schutz der Bedrückten und Frauendienst auf seine Fahne geschrieben. Seine idealen Ziele sind unseren Helden völlig unbekannt. Demgemäss sind die ganzen Anschauungen über ritterliche Ehre und ritterliche Tüchtigkeit verschiedene. Die meiste Aehnlichkeit findet sich noch in den äusseren Formen; freilich bietet unser Gedicht hier wieder wenig Anhaltspunkte, einerseits wohl, weil die Formen noch nicht so entwickelt waren, andererseits weil das Interesse an den kriegerischen Thaten selbst zu sehr überwog, und man sich bei den Förmlichkeiten nicht gern lange aufhielt. Ich werde versuchen, alle vorkommenden Andeutungen in unserem Epos in einer kurzen Skizze zusammenzufassen.

Ueber die **Erziehung** der jungen Söhne der Ritter erfahren wir nur sehr wenig. Jedenfalls war es eine, wenn nicht durchgängige, so doch sehr verbreitete Sitte, sie an den Hof des Königs zu schicken, wo sie gemeinschaftlich mit den Söhnen anderer Vasallen erzogen wurden. Je zwei und zwei schlossen hier einen engeren Bund, wahrscheinlich bestimmt, eine Art Waffenbruderschaft und Freundschaft für's Leben zu werden. Als Begon und Garin von ihrem Onkel an den Hof gebracht werden, sagt Hardré zum Könige: (I, 63)

„Compains seront à ambedeux mes fils"

Und weiter heisst es:

Compains Guillaume fu Begons li petis.
Fromons ses freres refu compains Garin.

Wie diese Bruderschaft geschlossen wurde, erfahren wir nicht; jedenfalls geschah es durch einen Eid, denn die gewöhnliche Bezeichnung ist: compaignon juré (I, 80). Garin sagt zu Fromont: (I, 102)

„Mes compains estes et jurés et plevis".

Trotzdem ist diese Freundschaft jedoch bald vergessen und in bitterste Feindschaft verwandelt; die Pflicht der Blutrache steht eben höher als alle Pflichten des Ritterthums.

Worin die Erziehung bestand, erfahren wir zwar nicht direkt, doch ist aus dem Bildungszustand unserer Helden leicht zu entnehmen, dass sie eben einzig und allein im Waffenhandwerk, in ritterlichen Uebungen und Spielen bestand; daneben bedienten sie als Pagen den König. (I, 64). — Das Nächste wovon wir hören ist der **Ritterschlag**; nirgends findet sich eine Andeutung von einem Uebergang vom Pagen zum Knappen und den dabei später üblichen Feierlichkeiten. (cf. Ste Palaye, I, 9). Ueberhaupt gehen die Bezeichnungen für den Zustand vor dem Ritterschlag in buntester Weise durcheinander; bald heissen sie „vallès" (I, 241), bald „dansel", (I, 271) „damoisiax", „escuier" (III, 22), auch oft „meschin" (I, 241), was jedoch meist für die Söhne von Nichtadeligen gebraucht wird. (I, 271 Anm. I). Die Unterscheidung zwischen Page und Knappe scheint man hier noch nicht zu kennen.

Die wichtigste Feierlichkeit ist die des Ritterschlages, das „adoubement." Mit dem Sohne eines mächtigen Vasallen werden immer eine grosse Zahl junger Leute zu Rittern gemacht. So heisst es: (I, 64)

> Là, fu Garins chevaliers adoubé,
> Fromons, Guillaumes, et Begons l'adurés,
> Et maint prodome, que n'ai pas ci conté.

(cf. II, 146, III, 84 etc). — Dann heisst es hier weiter:

> Haute est la feste, si l'ont bien célébré,

ohne dass indessen ein Wort über die dabei üblichen Ceremonien gesagt wird. Ebenso ist die Beschreibung I, 85 u. a. a. O. Jedoch nie wird die Schilderung des folgenden Kampfspieles vergessen, in welchem sich der junge Ritter vor allen andern durch Kraft, Gewandheit und ritterlichen Anstand auszeichnet, so dass Einer zum Andern bewundernd sagt: (I, 66)

> „N'a si bel home en la Crestienté.
> Preudons sera, se il vit, par aë."

— stehende Redensart bei solchen Gelegenheiten. Es beweist das so recht, wie wenig Interesse man für diese Förmlichkeiten hatte. Indessen ist die Beschreibung nicht in allen Fällen so dürftig, wie hier. Bei dem adoubement des Fromondin wird erzählt, wie alle vorher ein Bad nehmen müssen: (II, 146)

> Les cuves font d'iave trestout emplir;
> Entrés i est li damoisiaus de pris,
> Et des vallés chascuns la soie prist.

Dann wird beschrieben, wie die Kämmerer mit kostbaren Kleidern kommen, die Knappen führen Pferde jeder Art herbei, auf welchen die jungen Ritter ihre Reitkunst zeigen. Bernart ermahnt hierauf den Fromondin in folgenden Worten:

> „Or vous convient des esperons férir,
> Et honorer les chevaliers gentis;
> Donner aus pauvres et le vair et le gris.
> Car une chose vous aconte et vous dis:
> Nuns avers princes ne puet terre tenir,
> Ains est domages et dolors quant il vit."

Auch diese Worte kehren so ziemlich in derselben Form bei solchen Gelegenheiten wieder. — Der Probekampf ist hier jedoch kein Spiel, sondern ein ernster Kampf. Dieses adoubement findet nämlich mitten im Kriege statt, während Pipin und Garin Bordeaux belagern. Bernart macht hier den Vorschlag:

> „Mandes au roi le tornoi, le matin;
> S'esprouverons vostre fil Fromondin."

„Turnier" hat in unserem Gedicht nie die Bedeutung eines Kampfspieles, sondern immer eines wirklichen Kampfes. Als Vorbereitung auf diesen Kampf bringt Fromondin die Nacht in einer Kapelle wachend und betend zu: (II, 156)

> Et li vallès s'en va à Saint-Seurin;
> La nuit veilla, grant luminaire fist.

Wir haben es hier jedoch noch nicht mit einer bei jedem Ritterschlag üblichen Sitte zu thun; es ist dies vielmehr ein Gebrauch, der bei einem jeden wichtigen Kampf, besonders aber einem Gotteskampf, von dem noch die Rede sein wird, beobachtet wurde. Erst seit dem XIII. Jahrhundert etwa war die „veille des armes" eine das adoubement begleitende Form (cf: II, 156. Anm. 2 und St. Palaye I, 61. Anm. 15). Wo kein ernster Kampf dem adoubement folgte, wird sie hier nie erwähnt. Die eingehendste Beschreibung aller üblichen Ceremonieen erhalten wir bei der Erzählung des adoubement des Rigaut, eines etwas sehr naturwüchsigen, wilden Burschen, der sich mit allen Förmlichkeiten nicht recht abzufinden weiss. (II, 179 bis 81). Es ist dies eine der interessantesten und komischsten Episoden des Buches. — Das Aussehen des jungen Helden beschreibt der Dichter: (II, 153)

> Hireciés fu, s'ot charbonné le vis,
> Ne fu lavés de six mois acomplis,
> Né n'i ot aive sé du ciel ne chaï;

und dieses Aussehen ist sein Stolz; die Aufforderung, sich zu baden, kommt ihm daher sehr ungelegen; dafür habe er sich doch nicht im Schmutz und Staub herumgetrieben, um sich jetzt zu waschen. Er muss sich jedoch fügen, und wird nun zunächst mit einem kostbaren Gewand bekleidet, das hinter ihm eine lange Schleppe bildet; als er das sieht, nimmt er ein Messer und schneidet anderthalb Fuss lang davon ab und wirft es unter die ihn umgebenden Pagen. Als ihm sein Vater Vorwürfe macht:

> „A novel homme est-il costume ensi
> Que li traîne et li vair et li gris."

antwortet er nur:

> Or puis mieus coure et lever et sallir.

Hierauf wird ihm das Schwert umgegürtet, und er erhält mit der flachen Hand einen Schlag in's Genick, nicht wie in späterer Zeit, einen Schlag mit dem flachen Schwerte. — Rigaut ist über diesen Schlag so erzürnt, dass er sein Schwert ziehen will gegen Begon, der ihm denselben gegeben. Sein Vater hält ihn zurück, mit den Worten:

„Il est costume, et on le fait ensi."

worauf er wieder antwortet:

— „Male costume a ci,
Mal dahés ait, qui primerains la mist."

Den Schluss der Feierlichkeit bildet ein festliches Essen, bei welchem der junge Ritter den Ehrenplatz neben dem Könige erhält Auch hier besteht der Probekampf in einem ernsten Turnier, auf welches sich Rigaut durch Wachen und Beten vorbereitet. — Die ebenfalls ziemlich eingehende Erzählung des adoubement des Girbert, (III, 19—24) fügt indessen den hier geschilderten Sitten nichts Neues hinzu. Aus dem Allen geht deutlich hervor, dass diese wichtigste Feierlichkeit des ganzen Ritterwesens hier noch weit entfernt ist von ihrer späteren Förmlichkeit; namentlich ist noch nichts zu merken von den kirchlichen Ceremonieen, die ihr später einen ganz anderen Charakter verliehen, indem sie die Ritter gewissermassen in den Dienst der Kirche stellten.

Ich will hier die Erzählung des Gotteskampfes anschliessen, von dem unser Epos ein interessantes Beispiel liefert (II, 20). Isoré klagt Garin eines Mordanschlages auf den König an; Garin will sich im Gotteskampf von dieser Anklage reinigen. Zunächst muss jeder der Kämpfer seine Geiseln stellen; für Isoré treten seine Verwandten und Freunde ein; diejenigen von Garin jedoch werden nicht angenommen, weil sie alle etwas von ihm zu Lehn tragen; da tritt Begon, der nichts von ihm zu Lehen hat, für ihn ein und übernimmt den Kampf; es stellen sich für ihn sofort achtzig Geiseln, unter ihnen die Königin selber. — Begon bringt hierauf die Nacht unter Wachen und Beten in der Kirche zu, in Gesellschaft von vielen Rittern, während Isoré daheim ist und die Nacht über schläft; ein Beweis, dass diese Nachtwache nicht stehende Sitte war, sondern von der Frömmigkeit des

Einzelnen abhing. Am Morgen hört Begon die Messe und weiht der Kirche ein reiches Gewand. Hierauf wappnen sich die Kämpfer; dann stellt sich Begon dem König vor mit den Worten:

„Drois emperères, je me presente ci;
Ma bataille offre ains que past miedis."

Bernart bittet hierauf um Aufschub, um noch einen Versöhnungsversuch zu machen, der jedoch von Begon zurückgewiesen wird. Nun werden die Reliquien gebracht, auf welche Isoré seine Aussage beschwört; Begon antwortet darauf: (II, 32)

— „Vous i avez menti,
Comme parjure je vous lieve de ci".

Den Schwörenden mit der rechten Hand in die Höhe zu heben, war das Zeichen, dass man ihn des Meineides beschuldigte:

Par le poing destre l'en a Begues levé,
Es-vous le plait au diauble torné;
Begues li a son serement faussé.

Paris glaubt, dass daraus erst später die Sitte, den Handschuh aufzuheben, entstanden sei, indem man dadurch diese nahe Berührung zweier sich hassender Feinde vermeiden wollte. (II, 33, Anm. II). — Der eigentliche Zweikampf findet nun im Schlosshofe statt; alle Thore werden von dem König treu ergebenen Rittern streng bewacht und in der Stadt müssen Bewaffnete während des Kampfes dafür sorgen, dass von keiner Seite irgendwie Verrath geübt wird. Die beiderseitigen Geiseln werden eingeschlossen und bewacht. Der nun beginnende, überaus wilde Kampf endigt nach mancherlei Wechselfällen mit der Besiegung und Ermordung des Isoré. Seine Geiseln bleiben mit Ausnahme des Bernart, der sich mit Hülfe seines Mantels vom Fenster herablässt, in der Gewalt des Königs; auf Bitten der gesammten Geistlichkeit und unter Zustimmung von Begon werden sie schliesslich befreit. — Die Form dieses Kampfes ist ziemlich genau dieselbe, welche Alwin Schulz (II, 133 u. f.) nach anderen Denkmälern beschreibt. Nur die Sitte des Aufhebens des Klägers durch den Beklagten findet sich nicht; das Pfand bildet hier der Handschuh. Jedenfalls war jene Sitte die ältere und ursprünglichere; ob freilich das Aufheben des Handschuhs auf sie zurückzuführen ist, wird schwerlich nachgewiesen werden können. Jedenfalls können wir hier wieder einen charakteristisch alterthümlichen Zug in unserem Epos konstatiren. — Die Kampfessitten im Allgemeinen haben noch nichts von der Ritterlichkeit späterer Zeit. So galt es hier geradezu als Schande, das Pferd des Gegners zu tödten oder nur zu treffen; in unserem Gedicht ist das etwas ganz Gewöhnliches, ja meist das Erste, was geschieht. (II, 34, 35). Dort gilt es für ritterlich, wenn der Gegner aus dem Sattel gehoben ist, selbst abzusteigen und zu Fuss weiter zu kämpfen; hier dagegen ist es die erste Sorge, des Gegners Pferd ebenfalls zu Falle zu bringen. Das oberste Gesetz jener ritterlichen Ehre aber, Mann gegen Mann zu kämpfen, nie in der Ueberzahl einen Einzelnen anzugreifen, kennt man hier noch nicht. Ueberfälle, bei denen Mehrere gegen Einen oder Wenige kämpfen, sind geradezu an der Tagesordnung. Man lese nur die Schilderung, wie Garin und seine Söhne Guillaume de Blanchefort buchstäblich niedermetzeln; (III, 112) und Garin ihm schliesslich noch den Leib aufschlitzt und seine Eingeweide ringsum zerstreut. — Es gilt auch durchaus noch nicht als Schande, die Waffen zu strecken, um das Leben zu retten (III, 131) oder sich vor einer feindlichen Uebermacht zurückzuziehen, ja zu fliehen, denn: (III, 186)

  Qui son corz garde molt se puet esjoïr.

Mit einem dem Feind gegebenen Versprechen wird es wenig genau genommen. Huon streckt die Waffen, nachdem man ihm sein Leben versprochen, nichtsdestoweniger schlägt der hinzukommende Bernart den Wehrlosen einfach nieder. (III, 132.) Bernart ist freilich der Typus eines treulosen Verräthers; Begon klagt ihn z. B. an, er treibe Wegelagerei und plündere die Bauern: (II, 63)

 „Bernars est lerres, si brise les chemins,
 A tel murtrier ne doit l'en plait tenir;
 Forment s'en plaignent entor lui si voisin
 Que maintes fois fist lever par matin." —

Diese Worte werfen überhaupt ein interessantes Streiflicht auf jene Zeit; sie zeigen, dass es immerhin vorkam, dass selbst grosse Vasallen, wie Bernart, förmlich Raubritterthum betrieben; freilich galt es für eine Schande, wie deutlich aus dieser Stelle hervorgeht. — Als Strafe für Feigheit findet sich das Abschlagen der Sporen angegeben; darauf deutet die Stelle: (II, 145)

„Li esperons li soit coupés parmi
Près du talon, au branc d'acier forbi".

Indessen wird sie nie angewendet, da Feigheit nicht vorkommt. Im Gegentheil zeigen diese Recken meist eine an's Unglaubliche streifende Tollkühnheit. Begon treibt es so weit, dass ihm der besonnene Garin Vorwürfe darüber macht: (II, 125)

„Par Dieu, biaus frères, trop par estes hardis,
Trop folement vous voi sovent venir;
A grant folie le vous puet-on tenir,
Quant à deus cent assenblastes à mil;
Sé je ne fusse, mors fussiez-vous ou prins.
Tel vasselage prisai-je mout petit.

Ihre Ausdauer im Kampf ist geradezu übermenschlich; Beispiele dafür stehen auf jeder Seite.

Ueberhaupt nehmen die Kriegsschilderungen in unserem Gedicht die breiteste Stelle ein; Raubzüge, Schlachten, Belagerungen lösen einander fortwährend ab. Zunächst dürfte uns daher die Art und Weise, wie diese Kriege geführt wurden, interessiren.

IV. Kriegführung.

Liegt zwischen zwei Vasallen irgend ein Streit vor, der eben nur durch Krieg entschieden werden kann, so ist das Erste, was der Eine oder Andere thut, dass er in das Land seines Feindes oder eines seiner Verwandten oder Freunde sengend und brennend einfällt. Das Heer, welches er dazu aufbietet, besteht in seinem Kern aus Rittern, theils eigene Leute, theils zugeführt von Freunden und Verwandten, die ihm beistehen; daneben werden oft noch grosse Mengen von Söldnern benutzt, die überall, selbst in Feindesland, geworben wurden. (I, 183; III, 180, 202 etc.) Ausser den Berittenen bedurfte man einer ganzen Menge Leichtbewaffneter, Fussgänger oder „serjans" genannt; es sind meist Bogenschützen („arbalestier"), welche besonders dazu benutzt werden.

den Rückzug der Ritter aus der Schlacht zu decken, manchmal auch, den Kampf zu eröffnen. Die wichtigste Rolle bei einem solchen Raubzug spielen indessen eine Anzahl Leute, welche die besondere Aufgabe haben, das Land rings zu verwüsten, die Häuser anzuzünden und von allen Seiten die Beute zusammenzuschleppen, namentlich aber Vieh und sonstige Lebensmittel beizutreiben; für sie finden sich die drei Bezeichnungen: li ardéor, li coréor, und li forrier. Sie eröffnen den eigentlichen Feldzug; sengend und brennend durchstreifen sie das Land und verbreiten Furcht und Schrecken überall. Man lese nur die folgende lebendige Schilderung des Einfalles des Fromont in Cambrai: (I, 165)

> Li ardéor se sunt par devant mis,
> Les coréors maine Isorés li gris;
> Et li forrier corent par le païs;
> Lieve la noise, si enforce li cris.
> Parmi les chans véissiez gens fuir.
> Les pastoriaus lor bestes accoillir;
> Aus bois se traient, iluec cuident garir,
> Mais ne puet estre, car trop sunt entrepris.
> Li couréor ont partout le feu mis;
> Ardent les villes, la fumee en issit.
> La proie chassent et maint vilains sont prins.
> Les mains liées si come autres chétis.
> La gent s'éfroient, si commence li cris.
> Li apiaus sonne, tuit en sont estormis.

Der Herr des Landes wird rasch von dem Ueberfall benachrichtigt; er bietet sofort alle seine Ritter auf; Stadt und Burg lässt er nach Kräften befestigen, die Bürger bewaffnen, um die Mauern zu vertheidigen. Vor den Thoren stellt er die Bogenschützen auf, um ihm den Rückzug zu decken und den nachdrängenden Feind abzuwehren. Obwohl der Feind meist in der Uebermacht ist, tritt er ihm dennoch mit seiner kleinen Schaar mannhaft im offenen Felde entgegen; ihn in der Burg zu erwarten, gilt nicht für ritterlich. (III, 147.) Der ungleiche Kampf dauert meist nicht lange; der Rückzug zur Stadt wird angetreten, womöglich im Schritt, damit er nicht einer Flucht gleiche. (I, 175.) Am Thor springen die Bogenschützen vor und werfen die Feinde zurück. Die Thore werden geschlossen und die Belagerung beginnt. —

Die Stadt wird zunächst ringsum eingeschlossen; jede Zufuhr von

Lebensmitteln unmöglich gemacht; die besten Plätze werden zum Aufschlagen der Zelte benutzt; diese sind oft sehr kostbar und gelten als eine besonders angenehme Beute. (I, 224.) Jeder Vasall bekommt seinen besonderen Platz angewiesen; um sein Zelt lagern sich seine Lehnsleute. Bei einer langwierigen Belagerung macht man sich das Leben im Lager so bequem wie möglich. Die Zeit vertreibt man sich mit Essen, Trinken und Spielen; (I, 260; II, 127 etc.) besonders liebt man das Schachspiel. — Diese Ruhe möglichst oft zu stören, ist die Aufgabe der Belagerten; durch fortwährende Ausfälle lassen sie den Belagerern weder Tag noch Nacht Ruhe; dabei wird es besonders auf den Tross abgesehen, um hier Beute zu machen und so Lebensmittel zu gewinnen. Die Ausfälle werden meist durch Nebenpförtchen, „poterne" gemacht, während die grossen Thore mit Erde zugeschüttet werden. Bei einzelnen Schlössern werden unterirdische Gänge erwähnt, welche die Belagerten für ihre Ausfälle benutzen; die Sarazenen hätten sie gebaut, das heisst die Römer, denn Sarazenen werden in unserem Gedicht alle Heiden genannt. Bei der Belagerung von Naisil heisst es sogar: (II, 53)

Julis César, quant le chastel conquist
Il i fist faire et croutes et chemins
Par dessous terre, s'en puet-on bien issir
Bien quatre lieues, ou cinq ou neuf ou dis.

Die Einnahme der Burg erfolgt meist gelegentlich eines Ausfalles, wo die Belagerer mit den Belagerten durch das Thor in die Stadt eindringen; selten nur findet eine Erstürmung statt. Es scheint als ob man in der Anwendung von Belagerungsmaschinen noch sehr zurück sei; nur einmal finde ich die Erbauung eines rollenden Thurmes erwähnt; II, 60 giebt Begon den Befehl:

— qu'on un castiel féist
Par quoi il soient là dedans envaï.

Er braucht gar nicht ausgeführt zu werden, denn die Furcht vor diesem Bauwerk genügt, eine freiwillige Uebergabe herbeizuführen, was deutlich zeigt, dass es für etwas Aussergewöhnliches galt, wogegen man sich nicht zu helfen wusste. Nur im Girbert (bei Mone p. 251) findet sich die Schilderung einer komplizirteren Belagerung, welche ein besonders besoldeter Zimmermeister (engi gnéour) leitet. — Ist eine Stadt im Sturm genommen worden, durch Einschlagen der Thore, Erklettern der Mauern etc., (II, 207), so ziehen sich die Ritter in das eigentliche Schloss zurück. Die Stadt und ihre Bürger bleiben der Feindeswuth überlassen; meist wird sie angezündet, nachdem sie gründlich ausgeplündert worden; die Bewohner werden mit Weib und Kind umgebracht oder finden ihren Tod in den Flammen. Die eigentliche Burg wird dann meist rasch ausgehungert, sehr oft auch sofort freiwillig übergeben. Ueberhaupt ist die freiwillige Uebergabe weit häufiger als die Erstürmung einer Stadt. — In vielen Fällen, wenn durch eine langwierige Belagerung die Kräfte der Belagerten erschöpft sind, senden sie Boten an Freunde und Verwandte und bitten sie um Hülfe. Aus den entferntesten Gegenden eilen diese mit Heeresmacht herbei und entsetzen die Stadt oder führen ihr, wenn möglich, Lebensmittel und frische Kräfte zu. Auf einem solchen Zug wird immer die grösste Vorsicht beobachtet; in der „avant-garde" befinden sich die des Landes Kundigen; die Tapfersten meist in der „arrière-garde"; der Tross (li charrois) wird in die Mitte genommen. Vorhut und Nachhut sind immer kampfbereit: (I, 218) — les blans haubers vestis; für gewöhnlich werden die Helme erst aufgesetzt, wenn Gefahr droht oder beim Eintritt in Feindesland. (III, 48, 65, 85.) Ist ein rascher Rückzug nöthig, so werden die Waffen wohl auch auf die Wagen gelegt; so (II, 117):

    Sor le charroi ont lor armures mis. —

Der Verlauf einer eigentlichen Schlacht nun ist etwa folgender. Zunächst wird auf beiden Seiten das Fussvolk in einer Reihe hinter den Rittern aufgestellt, um diesen immer einen Rückhalt zu bieten; sie liegen meist hinter einem Verhau, „lices", auch „barres" genannt. — Das Heer wird dann in verschiedenen Schlachtreihen (eschieles) aufgestellt; meist sind es zehn. Wie diese Aufstellung zu denken, ist nicht recht ersichtlich. Jedenfalls sammelte jeder grosse Vasall seine Leute um sein Banner, das vor Beginn entfaltet wurde: (I, 25)

    Là véissiez maint penon venteler,
    Et mil banieres desploier et mostrer.

Dass diese Banner bestimmte Abzeichen trugen, ist klar; dass diese Abzeichen jedoch die Bedeutung von Wappen hatten, ist nicht anzunehmen. Sie dienen nur zur Unterscheidung der verschiedenen Vasallen, als Erkennungszeichen für deren Leute. So heisst es:

(III, 51): A la bannière .... connois Rigaut.

Diese Abzeichen bestehen meist in Thiergestalten; sie werden auch auf den Schilden getragen, auf die Zelte gesteckt. Zur Erläuterung des Gesagten seien einige Stellen hier angeführt:

(I, 29): En son escu ert teste de mastins.
(I, 252), — Et vit le tref, où li ors reflanbit.
Et l'aigle d'or qui devant el chief sist.
(I, 253): Au bis lion qui va à mont rampant.
(II, 161): Escu ot d'or, à un lion anti.
(III, 22): El mileu ot uu lioncel petit. etc.

Aus ihnen haben sich augenscheinlich die Wappen, deren Entstehung man gewöhnlich in's zwölfte Jahrhundert setzt, entwickelt (cf. I, 253. Anm. I). — In dem königlichen Heer spielt eine grosse Rolle „l'enseigne St. Denis", die gewöhnlich einem der tapfersten Ritter anvertraut wird. Ihre Stelle vertritt in anderen Heeren die Fahne des eigentlichen Führers; so vertraut Fromont seine Fahne Isoré an mit den Worten: (I, 165)

„Plus fier de toi ainc de mes iex ne vis;
Porte m' ensengne, de bon cuer le te pri."

Den eigentlichen Mittelpunkt des Heeres bildet indessen meist „l'estendart", ein auf einem Wagen aufgepflanzter Mast, der eine besondere Wache von Rittern und Fussgängern zuertheilt bekam: (II, 162—63)

Nostre empereres fait l'estendart venir,
Si le fait bien de chevaliers emplir
Et de serjans, por le fais sostenir.

Augenscheinlich haben diese Vertheidiger ihren Platz auf dem Wagen selbst (cf. Alw. Schulz. II, p. 198). Um ihn dreht sich oft der Entscheidungskampf; sein Rückzug bezeichnet die Niederlage. — Der Auszug zum Kampf geschieht bei hellem Hörnerklang und oft auch unter dem Geläute der Glocken, wenn das Heer aus einer Stadt kommt; den eigentlichen Beginn des Kam-

pfes aber bezeichnet das Kampfgeschrei, „le cri de guerre" der in unserem Gedicht eine grosse Rolle spielt. Der Name seines Schlosses bildet den Kampfruf jeden Ritters. So wird erzählt, wie die Verwandten Fromondins von allen Seiten ihm zu Hülfe eilen, rufend: (II, 189)
> Li uns Bordelle! et li autres Couci!
> Li autres Lens! et li autres Chauni!
> Droes Amiens, qui durement le fist,
> Et Fauconès Vausore! quant le vit,
> Rogers Clermont! Bernars crie Naisil!

Ausser beim Eintritt in die Schlacht wird dieser Kampfruf besonders angewendet, wenn ein Ritter den Andern besiegt oder aus dem Sattel geworfen hat. Die Freunde des Besiegten eilen dann von allen Seiten herbei und stossen ihren Kampfesruf aus, um ihre Leute zusammenzurufen; der Sieger seinerseits stösst sein Kampfgeschrei in derselben Absicht aus, und so entwickelt sich gewöhnlich ein furchtbarerer Kampf um Leben oder Freiheit ja oft nur um Ross und Rüstung eines gefallenen Ritters. — Das Kampfgeschrei dient auch oft zur Anfeuerung der Kämpfer; so heisst es: (II, 169)
> „Chastel!" escrie, por sa gent esbaudir.

Der eigentliche Kampf nun bietet ein ungleich bewegteres Bild als in den meisten Schilderungen anderer Gedichte; er besteht nicht nur aus lauter Einzelkämpfen, sondern ist eben ein Kampf Aller gegen Alle. Die grossen Vasallen spielen natürlich die Hauptrolle; ihre Heldenthaten bilden den Mittelpunkt der Erzählung. Es kann auch vorkommen, dass sie die Aufmerksamkeit beider Heere auf sich lenken, wie z. B. von Guillaume de Monclin erzählt wird: (I, 241)
> Moult le fait bien Guillaumes de Monclin,
> D'ambedeus pars regardent le meschin.

Am heissesten tobt der Kampf gewöhnlich vor den „lices" wo die Bogenschützen verschanzt liegen (II, 169). — Möglichst viele und wichtige Gefangene und reiche Beute zu machen, ist der Ehrgeiz jedes Einzelnen. Mit dem Erfolg einer Schlacht ist man sehr zufrieden, wenn es heisst: — i ont assez conquis, Or et argent, palefrois et roncins (I, 10, 60 etc.). Die Beute spielt immer die oberste Rolle. Rüstung und Pferd eines Gefallenen oder Gefangenen gehören stets dem Eroberer; über den Gefangenen selbst hat der König oder der Lehnsherr zu verfügen: (II, 194)

„Il est costume en cest nostre païs,
L'ernois est vostre et miens en est li pris,"

sagt der König zu Rigaut, der ihm die Herausgabe eines Gefangenen verweigert. Nach dem Kampf werden die Gefangenen gewöhnlich gegenseitig ausgetauscht oder, wenn es sehr wichtige Personen sind, zur Erlangung des Friedens benutzt. — Meist folgt der Schlacht sofort ein Waffenstillstand, der von beiden Seiten zur Bestattung der Toden benutzt wird (s. o.) — Der Verlauf dieser Schlachten ist immer derselbe; ja dieselben Situationen werden durchgängig mit denselben Worten geschildert, so dass das Gedicht, welches ja zum weitaus grössten Theile aus Schlachtenschilderungen besteht, dadurch einen etwas monotonen Charakter erhält. — In welche historische Zeit diese Krieges-Sitten am besten passen, wird kaum festzustellen sein. Wir können hier nur aus ihrer allgemeinen Natur ersehen, dass wir es mit einer ziemlich rohen Art der Kriegführung zu thun haben, die eben nur den einen Zweck im Auge hat, dem Gegner möglichst zu schaden und in Verfolgung dieses Zweckes kein Mitleid, kein Erbarmen kennt. —

Dieser kriegerische Inhalt des Gedichtes nimmt einen solchen Raum ein, dass wir über das Privatleben unserer Helden so gut wie nichts erfahren. Eine sich darauf beziehende Prüfung ergiebt nur sehr unbedeutende Resultate. Dass indessen auch hierfür das poetische Verständniss nicht fehlt, beweist jene reizende Schilderung des glücklichen häuslichen Lebens von Begon, mit welcher der vierte Theil beginnt. Nur die Anfangsverse seien zum Beweis hier angeführt: (II, 217)

Un jor fu Begues au chastel de Belin,
De jouste lui la belle Biatris.
Li dus li baise et la bouche et li vis,
Et la duchoise moult doucement en rist.
Parmi la salle vit ses deus fis venir.
Ce dist la lettre; li ains nés est Gerins,
Et li mains nés ot à non Hernaudin:
L'un ot douze ans et l'autres en ot dix.
Ensenble o aus sis damoisiaus de pris

Vont l'un vers l'autre et corre et tressaillir,
Iuer et rire et mener lor͞délis....

Eine reizende Schilderung von Friede und Glück, die zu den endlosen Erzählungen von Kampf und Tod in wundersamem Contrast steht! — Von einer eingehenden Untersuchung des Privatlebens unserer Helden können wir füglichst absehen, zumal Alwin Schulz gerade in dieser Hinsicht die kleinsten Einzelheiten berücksichtigt hat und folglich hier auch nicht das geringste Neue hinzugefügt werden könnte.

V. Lehnswesen.

Es bleibt uns nun noch die Aufgabe, jene Institution zu betrachten, welche diese Gesellschaft von Kriegern zusammenhielt, ihre Interessen verknüpfte — ich meine das Lehnswesen. Es giebt vielleicht kein Gedicht, das gerade in dieser Hinsicht so belehrend wäre, wie das unsere. Ich werde alles Hierhergehörige in einer kurzen Uebersicht zusammenstellen und die Vergleichung mit den historischen Verhältnissen, die ja gerade hier von besonderem Interesse sein muss, damit verbinden.

In unserem Gedicht findet sich zunächst nur eine Auffassung des Lehnsverhältnisses und der für den Belehnenden wie Belehnten damit verbundenen Verpflichtungen; danach hat der Lehnsherr die Pflicht, seinem Vasallen in der Noth beizustehn, 'das Lehn gegen jeden ungerechten Angriff zu vertheidigen, während der Belehnte unbedingte Heeresfolge leisten muss für die ganze Dauer eines Krieges, ohne irgend welche Einschränkung. Brussel in seinem Werk: „Usage général des fiefs en France" unterscheidet jedoch drei Arten des Lehnsverhältnisses: l'hommage ordinaire, plane, et lige. Der letzteren entspricht die Auffassung unseres Gedichtes und es finden sich in der That oft genug die Bezeichnungen wie: home lige, fief lige etc. Von ihr behauptet jedoch Brussel, sie sei die jüngste Art, erst entstanden im Anfang des zwölften Jahrhunderts. Ihrer innersten Natur nach scheint mir indessen gerade sie die älteste, weil einfachste zu sein, aus welcher sich die anderen erst mit der steigenden Macht der Vasallen entwickelt haben; denn sie enthalten nur Erleichterungen für dieselben, beschränken ihre Verpflichtung der Heeresfolge auf bestimmte Fälle, auf bestimmte Zeit und Aehnliches. Ist doch gerade die Heeresfolge der eigentliche Grundgedanke des ganzen Lehnswesens. Ausserdem würde es auffallend sein, dass die beiden andern Arten gar keine Erwähnung finden, ja dass die Namen noch nicht einmal vorkommen, was doch den Gedanken nahe legen muss, dass eben keine andere Art noch neben dieser existirte. Die Nicht-Erwähnung des hommage lige in den wenigen auf Lehnsverhältnisse sich beziehenden Dokumenten der älteren Zeit, beweist noch nicht sein Nicht-Dasein.

Oberster Lehnsherr ist der König; seine Vasallen führen ohne grossen Unterschied die Titel: dus, quens, marchiz; alle übrigen heissen schlechtweg chevalier oder auch vassax, was meist damit gleichbedeutend ist. (I, 49. Anm. I). Die oberste Pflicht des Lehnsherrn ist die, sein Lehen nöthigenfalls zu beschützen. So wendet sich Hervis, der von den Sarazenen bedroht wird, an ihn mit den Worten: (I, 52)

„Or viens à nos, empereres gentis,
Que vos devez votre fief garantir."

Und so beschliesst Huon einen Boten an den König zu senden, mit der Bitte: (I, 177)

Son fief venroit sauver et garantir.

Verweigert er die Hülfe, so ist der Belehnte jeder Verpflichtung ledig und kann sein Lehn einem anderen Fürsten unterstellen, der es besser zu beschützen weiss. So droht Hervis in dieser Lage dem König: (I, 54)

Secours vois querre, quant à vous ai failli,
Ainsi metrai le fief que tiens de ti,
Nel raveras, tant que tu soies vis.

Der König begiebt sich in der That seiner Souveränetät und Hervis unterstellt sein Lehn dem König Anséis von Köln, der ihm die Heiden besiegen hilft. — Ausserdem hat er die Pflicht alle Streitigkeiten seiner Vasallen zu schlichten, besondere Hoftage dafür anzuberaumen. (s. o.) So treibt Bernart Fromont an zu verlangen: (I, 287)

Que il vous fasse droit en sa court tenir.

Fromont verlangt hierauf:

> Donnez moi jour, s'il vous vient à plaisir
> Sé j'ai mespris envers le duc Garin,
> Là en iert faite et accordance et fin.

Worauf der König erwiedert:

> Et jel vous doins en ma court à Paris,
> A l'endemain de feste Saint-Denis.

Wir haben hier offenbar den Anfang jener späteren „Grands-Jours", die im dreizehnten Jahrhundert besonders eine so wichtige Rolle spielten. (cf. Brussel: Liv. II. Chap. XII). — Auch die Verweigerung dieses Rechtes entband den Vasallen von jeder Verpflichtung. —

Die oberste Pflicht des Belehnten ist zunächst die Treue gegenüber seinem Lehnsherrn. So lange dieser keine seiner Pflichten versäumte, galt ihre Verletzung für das strafwürdigste Verbrechen, wie es die zornigen Worte des Fromont beweisen, mit denen er Haimes empfängt. Dieser und sein Oheim Thiebaut nämlich, Todfeinde der Lothringer, waren durch die Heirath des Begon dessen Lehnsleute geworden; in ihrer Wuth hierüber haben sie Begon räuberisch angefallen, womit sie neuen Krieg heraufbeschwören. Fromont empfängt Haimes mit den Worten: (II, 137)

> „Fis à putain!" li vieus Fromons a dit,
> „De Dame-Dieu soiez-vous maléis;
> Mauvais traitres, déléaus, foi-mentis,
> Com fustes tel, ni en penser vos vint
> Vostre seignor osastes envaïr;

Und weiter droht er:

> „Je vous rendrai l'emperéor Pepin,
> Très bien vos pende, quar l'avez desservi,
> Parmi la goule comme mauvais mastins."

Aber nicht nur direkte Auflehnung gegen den Lehnsherrn gilt als Bruch der Lehnstreue, sondern jedes Thun, das dem Interesse desselben zuwider läuft. Das Verhältniss ist in dieser Beziehung ein vollständig gegenseitiges, denn wie der Vasall das Interesse seines Lehnsherrn zu wahren hat, muss dieser auch umgekehrt das seines Vasallen wahren. Ein interessantes Beispiel für den letzteren Fall haben wir in der Erzählung, wie der Bischof von

Langres die Flucht des Bernart, der das Land seines Lehnsmannes Auberi verwüstet hat, begünstigt. Begon macht ihm darüber die heftigsten Vorwürfe: (I, 210)

>Vo foi avez au Bourgignon menti,
>Il est vos hons et de vous doit tenir;
>Tu heberjas son mortel anemi,
>Crestienté me tient que ne t'oci.

Unter diesen Umständen hat der Lehnsvertrag viel weniger den Charakter eines Abhängigkeitsverhältnisses als den eines aus freien Stücken eingegangenen Schutz- und Trutz-Bündnisses. — Wenn wir auch an vielen Beispielen gesehen haben, dass die grossen Barone sich kein Gewissen daraus machten, die Lehnstreue dem König gegenüber zu brechen, wenn es ihr Interesse erheischte, da sie ja die Machtlosigkeit des Königs ihnen gegenüber wohl kannten, so mussten sie doch darauf sehen, dass besonders die kleineren Lehnsleute sich keine Uebertretung zu schulden kommen liessen. Dass hier die Gesetze des Lehnswesens sehr streng beobachtet wurden, geht aus dem Umstand hervor, dass bei den meisten kriegerischen Unternehmungen sich auf beiden Seiten befreundete Elemente befanden, die eben nur durch ihre Lehnspflicht gezwungen waren, sich zu bekämpfen. Als z. B. der König eine unerfreuliche Nachricht erhält, die den Erfolg seiner Unternehmung in Frage stellt, heist es: (I, 246)

>Moult en i ot de ceus qui en ont ris.

Die Heeresfolge ist der Vasallen wichtigste Pflicht; ich habe schon oben erwähnt, dass diesselbe durch nichts eingeschränkt wird. Nirgends erfahren wir etwas davon, dass sie nur in bestimmten Fällen statt habe, dass sie nur auf die Dauer von vierzig Tagen sich erstrecke, dass der Lehnsmann durch einen Vertreter oder gar durch Geld sich ihr entziehen könne. Bei jeder Gelegenheit heisst es:

>l'ar toute terre fait semondre Pepins —

eine Aufforderung, der unbedingt Folge gegeben wird und welche die Lehnsleute für die ganze Dauer des Krieges verpflichtet. Meist geschieht die Aufforderung schriftlich: (I, 187)

>Ses homes mande par briés et par escris

und zwar augenscheinlich nach Listen, in denen der Lehnsherr

alle zur Heeresfolge verpflichteten Leute aufgeschrieben hatte; das scheint wenigstens folgende Stelle zu beweisen:
— Qui sont sept cent en conte et en escrit.

Eine weitere Pflicht, welcher eine ziemliche Bedeutung beigelegt worden zu sein scheint, beruht darin, ein- oder mehrere Male im Jahr den Lehnsherrn sammt Gefolge zu beherbergen. Bei Abschliessung eines Lehnsvertrages wird es nie zu erwähnen vergessen. So bietet Hervis dem König von Köln, Anséis, Metz an mit den Worten:
De vous tendrai ma terre et mon païs,
L'an deux mengiers: ja n'i porrez faillir.

Als Garin später abermals Metz demselben König unterstellt, geschieht es unter der Bedingung:
Qué un mangier, Riches rois Anséis,
En auroiz l'an, ...

Diese Verpflichtung existirt übrigens nur dem König gegenüber; die Vasallen haben in allen grösseren Orten ihre sogenannten „ostes", meist reiche Bürger, bei denen sie jedesmal absteigen und die sie dafür in der freigebigsten Weise entschädigen. (II, 223, 252 etc.). Nach Brussel (Liv. II, Chap. XXXVIII) ist dieses „droit de gîte", wie man es später nannte, eines der ältesten Rechte der Krone; von den Vasallen wurde es erst später nachgeahmt und missbraucht. Die älteste Bezeichnung sei „mansionaticum" gewesen; erst in späterer Zeit habe man es „procuration", „gîte", „repas oder festin" genannt. Den Namen „mangier" kennt Brussel augenscheinlich noch nicht. (cf. Du Cange: manducarium). Ob diese Bezeichnung älterer oder jüngerer Zeit angehört, ist nicht ersichtlich; für das Erstere spricht jedoch der Umstand, dass es eben noch ausschliesslich als ein Recht des Königs betrachtet wird. —

Bezüglich der Erblichkeit der Lehen herrscht in unserem Gedicht grosse Unsicherheit und Schwanken. Sie gilt im Grossen und Ganzen als Regel ohne jedoch als Gesetz durchgeführt zu sein. Es ist zunächst Bestimmung, dass jeder Sohn, der ein Lehen erbt, den König oder den betreffenden Lehnsherrn um Wiederverleihung bitten muss. So tritt Hernaïs nach dem Tode seines Vaters vor den König mit den Worten: (I, 144)
„Drois empereres, je suis venus à ti.

Je fus tes hons, chevalier me féis.
Mors est mes pères, certes ce poise mi.
Je suis venus por mon fief recoillir,
Se il vous plaist faites m'en revestir."

Es ist das augenscheinlich nur eine Form, welche die Wiederverleihung anstandslos zur Folge hat. Dass man das als ganz selbstverständlich betrachtet, beweist die Stelle, wo Fromont bei der Geburt seines Sohnes sagt: (I, 237). „Aura non Fromondin, car après moi tenra-il mon païs." Er hält es freilich später auch nicht der Mühe werth, die Form zu beobachten und lässt seine Leute seinem Sohne Treue schwören, ohne den König darum zu fragen: (III, 128)

„Alez avant li grant et li petit;
Féauté faites mon enfant Fromondin" etc.

Man sieht, dass die freie Verfügung des Königs über die Lehen selbst der Form nach kaum noch besteht; Garin zum Beispiel zwingt ihn durch die Drohung, das eroberte Sisson im Weigerungsfalle zu zerstören, ihm diese Stadt, welche seinen Ahnen gehört hatte, aber durch Verrätherei in die Hände Fromonts gerathen war, zu Lehen zu geben. Wir befinden uns hier in einer Zeit des Uebergangs, wo eine gesetzliche Regelung der Erblichkeit, wie sie unter Karl dem Kahlen*) stattfand, noch nicht existirte. Ein Zug, der besonders auf ein hohes Alter hinweisen dürfte, ist der, dass unter Brüdern von einem Vorrechte des Aelteren bezüglich des Erblandes, noch nicht die Rede ist. Begon und Garin besprechen vielmehr die Frage einer gleichen Theilung; Garin erkennt die Ansprüche des jüngeren Bruders als vollkommen berechtigt an. — (II, 70 und 71. Anm. 1). Obwohl es auf den ersten Blick scheinen möchte, als ob auch die Töchter das väterliche Land ererbten, so ergiebt doch eine genauere Prüfung der betreffenden Fälle, dass dem nicht so ist. Mit der Hand der Blancheflor ist das Land des alten Thierri nicht verbunden; das Lehen an sich gilt für erledigt. Der König kann es verleihen, wem er will; das beweist, dass Fromont Ansprüche darauf erhebt. Wie es jedoch selbstverständlich ist, dass der König das Lehen des Vaters dem Sohne wiederverleiht, so gilt es auch als

---
*) Guizot. loc. cit. III. p. 259—260.

selbstverständlich, dass er in diesem Falle das Lehen nur demjenigen giebt, welcher die Tochter heirathet; ihre Hand ist also mit dem Lehen verbunden. Aus diesem Grunde bedarf jede solche Heirath der Zustimmung des Königs; ursprünglich hat er nur die Verfügung über das Lehn, aber durch die Tradition ist es nach und nach so geworden, dass es scheint, als sei das Erste, die Hand der Tochter zu vergeben, das Lehen aber als ihr Erbthum damit selbstverständlich verknüpft. Ich glaube nicht, dass es hier so aufgefasst werden darf, weil daraus sich die Erbfähigkeit der Töchter ergäbe, die ja doch erst in einer verhältnissmässig späten Zeit anerkannt worden (cf. Brussel, L. I, Chap. VII).

Wir sind hiermit so ziemlich am Ende dieser Betrachtungen angelangt, welche gezeigt haben, dass der allgemeine Charakter des Königsthums wie der Kirche, des Ritterthums wie des Lehnswesens ein gleichmässig alterthümlicher ist. Von besonderem Interesse dürfte daneben noch die Stellung der Frauen in unserem Gedicht sein, die ja gewöhnlich den Maassstab bildet für den Bildungsgrad eines Volkes. Sehr viel ergiebt das Gedicht in dieser Beziehung freilich nicht, da eigentlich nur Blancheflor eine grössere Rolle spielt. — Die Auffassung der Liebe zunächst ist, wie wir es auch nicht anders erwarten können, eine rein sinnliche und zeigt auch noch nicht eine Spur der höfischen Formen der späteren Minnesingerzeit. Nirgends wird daraus ein Hehl gemacht, es tritt bei jeder Gelegenheit deutlich zu Tage, so, ausser an vielen anderen Stellen, besonders in den Abschiedsworten der Biatrix, die ihren Gatten todt glaubt: (II, 85)
„Ne verrai mais ton gent cors droiturier,
Ne vous le mien que vous tant amiez!"
Daraus auf besondere Sittenlosigkeit oder Sittenroheit der Zeit zu schliessen, wäre übereilt; ist doch die Liebe ihrem innersten Wesen nach sinnlich und jene Auffassung daher die einzig natürliche. Man kannte noch keine andere und war sich in ihr keines Unrechtes bewusst. — Ungleich wichtiger ist indessen für uns die eigentliche gesellschaftliche Stellung der Frauen. Sie ist durchschnittlich eine ziemlich niedere; ja es findet sich ein Zug, der uns die Frau in einer sehr demüthigen, um nicht zu sagen skla-

vischen Stellung zeigt. — Von ihren Vätern werden die Mädchen nach rein politischen Gesichtspunkten vermählt; sie fügen sich widerspruchslos in ihr Schicksal. So wird Blancheflor zuerst Garin verlobt, den sie augenscheinlich wirklich liebt; als jedoch diese Ehe für unmöglich erklärt wird, fügt sie sich ohne Umstände in ihre Lage und nimmt den Antrag des Fromont an; schliesslich aber bewirbt sich der König um sie, welchem den Vorzug zu geben sie für ganz selbstverständlich hält. — Nur in einem Falle findet sich ein Widerspruch seitens der Mädchen; von den Töchtern des Milo nämlich wird erzählt, sie haben alle Bewerber zurückgewiesen aus Liebe zu Begon und Garin. — Sonst kommt etwas derartiges nirgends vor: besonders die Männer heirathen nach rein praktischen Gesichtspunkten und vorausgesetzt, dass die ihnen Bestimmte „bien faite" ist, ist ihnen das Uebrige einerlei. — Dabei üben die Frauen oft einen grossen Einfluss auf ihre Männer, besonders in politischen Dingen. Blancheflor namentlich entwickelt, wie wir gesehen, oft eine grosse politische Klugheit; was Pipin Vernünftiges thut, thut er meist auf ihr Geheiss. Aber auch die anderen Helden lassen sich von ihren Frauen rathen und befolgen auch — immer zu ihrem Vortheil — deren Rathschläge. Die Frau des Huedon z. B. überredet ihren Gatten, sich Begon zu ergeben und begiebt sich persönlich zu diesem, um von ihm Verzeihung für den Abfall ihres Gatten zu erwirken. (I, 207—208). Es macht den Eindruck, als ob sich die Männer jener Zeiten nicht gerne mit dem Denken befasst und es ihren Frauen überlassen hätten, für sie zu denken. Dass die Frauen indessen trotz dieser Anerkennung ihrer geistigen Ueberlegenheit sich der körperlichen Kraft des Mannes fügen mussten, beweisst, dass Blancheflor mehr wie einmal von Pipin geschlagen wird, dass sie blutet. Jener oben erwähnte vollständig sklavische Zug findet sich in den Worten, mit welchen sie sich in einem solchen Falle demüthig unterwirft: (III, 103)

— „La vostre grant merci;
Quant vos plaira, si porroiz referir,
Car je sui vostre, ne m'en puis departir."

Diese bedingungslose Unterwerfung und sklavische Demuth vor der rohen Gewalt berührt uns wie ein Nachklang aus Zeiten der finstersten Barbarei und tiefsten Sitten-Roheit. —

Ueberblicken wir diese in unserem Gedicht geschilderten Verhältnisse und Zustände, so haben wir das Bild einer gährenden, in jeder Beziehung unfertigen, in der Entwickelung begriffenen Zeit, die zwar schon die Keime einer späteren, glänzenden Entfaltung in sich trägt, doch noch vergraben in dem fruchtbaren Schlamm, den der Strom der Völkerwanderungen an seinen Ufern zurückgelassen. Und wie ein Schössling, der von der Wucht des Stromes mit fortgerissen, weit hinweggetragen wird von der heimathlichen Erde, und nun seine Wurzeln, in fremden Boden schlagend, unter einer anderen Sonne heranwächst und sich zum mächtigen Baum entfaltet, so ist unser Epos, aus seinen deutschen Uranfängen herausgerissen und nach Frankreich verpflanzt, nach und nach gediehen zu der vollendeten Gestalt, in der es uns jetzt vorliegt. —

Die Gründe, welche uns zwingen, die Abfassung des Gedichtes in dieser Gestalt frühestens in die erste Hälfte des zwölften Jahrhunderts zu setzen, sind geringfügige, rein äusserliche, die für den Grundcharakter der Dichtung völlig bedeutungslos erscheinen. Sie bestehen zunächst in einigen Anspielungen auf die Kreuzzüge und die Eroberung von England, welche wahrscheinlich dem Diaskeuasten zuzuschreiben sind, der eben unter dem Einflusse dieser ungemein wichtigen Ereignisse seiner Zeit stehend, es sich nicht versagen konnte, sie an passender Stelle einzuflechten. Der wichtigste und stets besonders betonte Grund ist die Erwähnung der Commune; sie wird einmal (I,72) bei der Einnahme von Metz genannt, dann (II, 53) als Bestandtheil des königlichen Heeres. Sowohl Wauters (Les libertés communales) wie Thierry (Lettres sur l'histoire de France) nehmen es als zweifellos an, dass die Auflehnung der städtischen Gemeinwesen gegen die Bedrückungen ihrer Herren schon in einer verhältnissmässig frühen Zeit begonnen haben; wird doch aus Cambrai eine solche Revolution schon aus dem Jahre 957 erzählt. (cf. Thierry, l. c. p. 243). Im elften Jahrhundert stand das Städtewesen schon in voller Blüthe und eine ganze Zahl von Städten, wie Gand, St. Omer, Ardres, Bruges etc. sind seit 1000 c. schon offiziell organisirte Communen. (cf. Wauters I. cap. IV.) Die grosse Mehrzahl folgte freilich erst später, so gerade Metz erst 1179. (cf. Dom. Calmet; l. c. p. 255).

— Und doch hat diese so tief in das Volksleben einschneidende Revolution keine anderen Spuren in unserem Gedicht hinterlassen, als jene vorübergehenden Erwähnungen. Die ganze Auffassung des gerade hier so häufig berührten Verhältnisses zwischen Bürgern und Rittern ist eine jener Zeitströmung vollständig entgegengesetzte. Wir haben es hier im Gegentheil mit einem geknechteten, misshandelten, bei jeder Gelegenheit mit Füssen getretenen Bürgerthum zu thun, das an Auflehnung gar nicht denkt. Von irgendwelchen Rechten oder Ansprüchen, ja nur Rücksichten für es ist nirgends die Rede — jederzeit jedoch müssen sie Gut und Blut einsetzen für ihren Herrn; das gilt als selbstverständlich. Das dürfte genugsam beweisen, dass diese Anspielungen lediglich dem Diaskeuasten zur Last fallende Anachronismen sind, ohne jegliche Bedeutung für die Betrachtung der in unserem Gedicht geschilderten inneren Zustände.

Wenn es mir im Vorstehenden gelungen ist, die Alterthümlichkeit der in unsrem Gedichte geschilderten Verhältnisse und Zustände im Einzelnen dargethan und richtig beleuchtet zu haben, so denke ich damit bewiesen zu haben, dass das Lothringerepos inhaltlich entschieden für die Richtigkeit jener von Steinthal aufgestellten Entstehungstheorie spricht, dass es deutlich zeigt, wie das Volksepos nicht die Frucht eines kurzen Menschenleben, sondern die von Jahrhunderten, nicht die Arbeit eines einzelnen Menschen, sondern die eines ganzen Volkes ist. — Einen noch deutlicheren und sprechenderen Beweis muss jedoch eine Untersuchung der äusseren Darstellungsweise dieses Gedichtes liefern. Hier müssen sich unbedingt die jener Theorie entsprechenden Eigenthümlichkeiten nachweisen lassen. Hierin wird die Aufgabe dieses zweiten Theiles meiner Untersuchung bestehen.

Ich stelle ihr folgende Worte Steinthals voran: „Styl, Redewendungen, Metrum, Compositionsweise, alles was ein Gedicht ausmacht, ist Gemeingut. Darum eignet sich jeder jedes Gedicht an, wenn er kann, und behandelt es wie sein eigenes. Nicht wie wir vom Deklamator erwarten, dass er wort- und sylbengetreu ein Gedicht Göthes vortrage, verfährt der Volkssänger mit dem Liede des andern, oder auch nur mit seinem eignen. Ohne irgend welche Improvisation singt er nie." (l. c. p. 7).

Daraus ergiebt sich für uns zunächst, dass der Darstellungsweise der Volksdichtung jegliche Individualität fehlen muss. Hierin liegt nun aber gerade das Charakteristische der Volksdichtung im Gegensatz zur Kunstdichtung. Während hier der einzelne Dichter im Bewusstsein seines dichterischen Könnens schafft und sich bemüht, seine individuelle Begabung im glänzendsten Lichte zu zeigen, seiner Darstellung stets den Stempel seiner

Individualität aufzudrücken, so hat dort die Dichtung ihren Ursprung in dem Gesammtgeiste des Volkes. Ein jeder, der sich des gegebenen Stoffes bemächtigt, behandelt ihn in gleicher Weise. (cf. Steinthal: l. c. p. 4). Eine jede Situation, die ein solcher Volksdichter zu schildern unternimmt, fasst er von denselben Gesichtspunkten aus auf, wie jeder Andere, der vor oder nach ihm dieselbe oder eine ähnliche Situation beschreibt. Der gleichen Auffassung entspricht dann auch eine gleiche Darstellung, freilich fast nie wörtlich, doch stets in der ganzen Art und Weise. Bei der häufigen Wiederkehr derselben Situationen erklärt sich hieraus die grosse Monotonie, welche in diesen Volksepen zu herrschen pflegt. Darin haben auch die häufigen stehenden Wendungen, die an jeder geeigneten Stelle immer und immer wiederkehren, ihren Grund; sie sind völlig formelhaft geworden und tragen besonders viel zu der Monotonie der Darstellung bei.

Von besonderem Interesse ist es, jenen Hauptschmuck volksepischer Poesie, die Epitheta ornantia und ihren Gebrauch zu untersuchen. Sie beruhen ursprünglich auf dem Streben nach einer möglichst lebhaften und anschaulichen Darstellung. Doch sind auch sie, wie wir sehen werden, vielfach völlig bedeutungslos und formelhaft geworden.

Wie hier jeder Dichter mitten im Volke steht und sich bemüht, immer im Geiste seiner Zuhörer zu singen, das zeigen die fortwährenden Anreden, die er einstreut. Er ergreift Parthei und ist dabei stets der Zustimmung seiner Hörer gewiss; seine Parthei, seine Hörer und sich fasst er als „wir" zusammen; für den Feind findet er nicht schmähende Ausdrücke genug.

Die häufig vorkommenden Abschweifungen, in welchen der Dichter das, was im Verlaufe des Gedichtes noch geschehen wird, vorausnimmt, zeigen wie er immer im Hinblick auf das Ganze arbeitet, dieses niemals aus den Augen lässt.

Es leuchtet ein, dass eine Untersuchung dessen, was wir den „Stil eines Dichters" nennen, so gut wie kein Resultat ergeben würde. Metaphorische oder tropische Ausdrücke enthält die Darstellung fast gar nicht; wo sie erscheinen, sind sie unwillkürlich, niemals gesucht. Vergleiche kommen vor, doch stets in ihrer einfachsten Form; Gleichnisse oder gar Allegorieen fehlen vollständig. Auch die vorkommenden Sentenzen sind einfachster, volksthümlichster Art und ergeben sich stets ganz natürlich und ungesucht. Ich werde im Folgenden diese Behauptungen durch Belege aus der uns vorliegenden Dichtung zu beweisen suchen. Das Material entnehme ich hier nur den beiden Bänden der Ausgabe von Paulin Paris.

I. Schilderungen bestimmter Situationen.

Den breitesten Raum nehmen in unsrem Epos selbstverständlich die Kriegsschilderungen ein. Der Verlauf eines jeden Krieges nun ist der folgende. Nach dem Aufgebot des Königs oder eines grossen Vasallen kommt das Heer in einer bestimmten Stadt zusammen. Nachdem die nöthigen Vorbereitungeu getroffen sind, namentlich für Lebensmittel gesorgt ist, bricht es auf nach dem feindlichen Gebiet. Sengend und brennend fällt es hier ein, bis sich der Gegner zur Schlacht stellt. Die Schlacht zerfällt dann jedesmal in die Schilderungen der Vorbereitungen, des Kampfgetümmels und der Heldenthaten der Einzelnen. — Hierauf kommt es meist zur Belagerung des Gegners in seiner Stadt; sie wird schliesslich erstürmt, öfter freiwillig übergeben. Der Krieg endet mit der Unterwerfung des Gegners. — Dieses ist das allen solchen Schilderungen zu Grunde liegende Schema. Im folgenden werde ich die einzelnen Momente der Reihe nach behandeln und durch Belege darthun, dass auch die Detailschilderung eine völlig traditionelle, man möchte fast sagen, schablonenhafte ist.

1. Das Aufgebot.

Der Wortlaut ist hier meist einfach der folgende:
(Charles Martiaus) fait sa gent assembler,
Tresqu' à Paris fait sa gent cadeler. (I, 10)

oder: Nostre empereres a fait sa gent mander (I, 140) etc.
oder auch: Par toute terre fait semondre Pepins (II, 115) etc.

Hier findet sich eigentlich nur ein stehender Zusatz,
nämlich: Ne remaint home, par le mien esciant (I, 84)
oder: Ni remaint hons, qui de lui riens tenist (I, 187)
desgl.: Ne remaint home qui arme puist tenir (II, 47. 110)
und: N'i remainst homs qui en l'ost ne venist. (II, 115.)

2. Die Vorbereitungen zum Abmarsch.

Hier sind die Schilderungen stets sachlich oft auch dem Wortlaute nach dieselben, z. B.:

> La oïssiez et corner et glatir,
> Ces olifans et ces cors resbondir.
> Trosser sommiers et chargier et garnir,
> Vins et viandes por lor cors garantir. (I, 91)

oder:
> Le grant charroi véissiez accomplir,
> Muls et somiers arouter et venir. (I, 165)

oder:
> La véissiez les buisines tentir,
> Sommiers trosser et le charroi garnir. (I, 192.)

oder:
> La véissiez banieres venteler
> Et le charroi venir et arouter,
> Ceus de la terro la viande amener. (I, 198.)

Aehnliche Beispiele: I, 215. II, 48. 93. 115.

3. Der Marsch.

Hier ist die Erzählung stets die denkbar einfachste. Gewissenhaft wird jede Stadt angeführt, wo Halt gemacht wird. Die Monotonie wird bewirkt durch die fortwährende Anwendung der folgenden drei Wendungen:

1) (Car il) chevauchent à force et à estri.
2) Desci q'à (Mez) ne prenent onques fin.
3) Ainc ne finèrent, si vinrent à — —

Diese Wendungen kommen überhaupt bei Erzählung einer jeden Reise, sei es eines Ritters oder Boten, so häufig vor, dass sie vollständig zu Formeln geworden. Auf sie werde ich bei Behandlung der stehenden Wendungen zurückkommen. — Bei dem Betreten des feindlichen Landes folgt die Schilderung der hier beginnenden Verwüstung und Plünderung. Hier sind die Darstellungen ziemlich verschieden, besonders bezüglich ihrer Grösse. Mit allen Details ausgemalt, findet sie sich I, 165. Zumeist sind sie kürzer gehalten; so I, 184:

> Il art et gaste et proie le païs
> Et les sentiers a-il destroit et prins.

oder:
> Il ardent tout et gastent le païs.

Aehnliche Stellen: I, 211. 248. 278. II, 93.

4. Aufschlagen des Lagers.

Der Erzähler findet zu diesem Behufe stets eine schöne, grüne, blühende Wiese, für das Zelt des Königs meist einen schönen Garten, in welchem auch der blühende Apfelbaum nicht fehlt. So:

> Li os héberge qui ne s'atarge mie,
> Belement loge aval la praérie
> L'erbe i est verde qui ne lor deplait mie. (I, 93.)
> L'erbe i est verde et bel i sunt li pré.
> Maint pavillon i ot et maint bon tré,
> Le Garin tendent en un vergier ramé.
> Entes i ot et de l'ombre à plenté,
> De lez une aigue qui moult lor vint à gré. (I, 97.)
> Li os se loge la nuit en pré flori — (I, 199.)
> Li os se loge aval le pré flori, — (I, 207.)
> Devant Vanduel, logent on pré flori. (I, 216.)
> Li os se loge to ensi com il vint:
> Le tref le roi tendent en un jardin,
> Lez un pomier menuement flori. (II, 126.)

cf.: I, 23. 58. 84—85. 223. 251. II, 97. —

5. Der Kampf.

Diese Schilderungen sind es ganz besonders, welche bei ihrem häufigen Vorkommen mit ihren ewigen Wiederholungen zur Monotonie des Ganzen beitragen.

a) Vor dem Kampf.

Es ist besonders der prächtige Anblick des mit wehenden Bannern in den Kampf ziehenden Heeres, dann aber der kriegerische Klang von Hörnern und Trompeten, woran sich Erzähler und Hörer immer und immer wieder weiden.

> Là véissiez maint penon venteler,
> Et mil banieres desploier et mostrer. (I, 25.)
> Là véissiez les haubers endosser
> Et les enseignes de cendal venteler. (I, 58.)
> Là véissiez tante ensengnes porter,
> Tante baniere au vent desvollepez. (I, 140.)

Là véissiez ces banieres fremir
Et ces vers hiaumes contre soleil luisir — (I, 240.)
Là véissiez les buisines tentir,
Les moniaus et corner et bondir,
Et les banieres eucontre mont flatir. (II, 162) etc.

b) Der Kampf.

Die grösste Rolle spielt hier der gewaltige Lärm, das sich erhebende Kampfgeschrei, sodann das Fallen von Rittern und Pferden. Die grosse Mehrzahl dieser Schilderungen beginnt:

Grans fu la noise et enforciés li cris.
Jà véissiez mainte lance croissir,
Et maint vassal par angoisse mourir. (I, 14.)
Grans fu la noise et grans li chapléis.
La dolors grans et enforciés li cris. (I, 38.)
Grans fu la noise et dolereus li cris. (I, 60.)
Grans fu la noise et li brais et li cris. (II, 35.)
Grans fu la noise à l'estor commencier:
Là véissiez maint fort escu percier
Et tant vassal à terre trébuchier. (II, 84.)
cf.: I, 28. 255. II, 83. 187. 188. 204. —

Es finden sich weiter folgende Schilderungen:

Là véissiez les escus effondrer
Et chevaliers trebuchier et verser
Chevaus tos vuis parmi les chans aler (I, 59.)
Lances briserent, les escus ont croissis,
Maint chevalier contre terre flatis. (I, 174.)
Là véissiez tantes lances croissir,
Tant bon haubert desrompre et dessartir,
Tant chevaliers contre terre flatir. (I, 241.)
Par devant Tol ot riche poignéis,
Maint cheval mort, maint chevalier ocis. (I, 184.)
Là véissiez maint fort escu croissir
Et maint vassal de son cheval chéir. (I, 221.)
Là véissiez un estor commencier,
Tant fort escu estroer et percier
Et tant vassal tantes selles vuider. (I, 242.)
cf.: I, 175. 199. 240. 257. 272—3. 253. II, 58. 165 etc.

c) **Einzelkämpfe.**

Die Schilderung des allgemeinen Kampfgetümmels wird regelmässig unterbrochen durch die Hervorhebung der Heldenthaten Einzelner. Meistens geschieht dieses durch die Formel:

Diex! com le fait li (Loherains Hervis)!

Sie kommt so häufig vor, dass ich hier nicht alle Stellen anführen kann. — Neben ihr finden auch andere Formeln Anwendung, von denen ich einige anführe:

A grant merveille fu li vassaus hardi. (I, 29.)
Qui donc véist Isoré tant férir,
De grant prouesse li poïst souvenir. (I, 221.)
Qui dont véist Begon le Palasin
Sor aus torner et durement guenchir,
De gentil home li poïst sovenir. (II, 59.)
Qui dont véist Begon, le fil Hervi, — —
— — De noble prince li péust sovenir. (II, 83.)
Qui dont véist le conte droiturier — —
— — Bien li membrast de vaillant chevalier. (II, 96) etc.

Eine weitere hierhergehörige Redensart, die sehr häufig vorkommt, ist:

Li — — — moult richement le fist!
oder auch: — — qui moult fist durement!
und ähnlich: — de fier cuer le fist!

Namentlich finden sich die beiden ersteren in allen Schlachtenschilderungen sehr oft.

Der eigentliche Einzelkampf wird stets dargestellt wie folgt:

Le destrier broche, fait la lance brandir,
Et fiert Charboucle, tant com il pot venir;
L'escu li tranche et le pelisson gris,
Mort le trébuche; — — — (I, 15.)
Godins faillit, mais li dux le feri,
Si com Dieu plot et le Saint-Esperit,
Tranche l'aubert et l'escu et le pis etc.
— — Mort le trébuche del destrier où il sist. I, 31.)
Fiert un des rois, sor l'escu d'azur bis,
Percé li a et le haubert mal mis;
El cor li met la lance au fer bruni,
En plaine terre l'a abatu soumis. (I, 108.)

— 61 —

Et fiert Fromont si com pourez oïr,
L'escu du col li a frait et mal mis
Et le haubert deront et desarti;
Jouste la cuisse le gonfanon li mist,
Si bien l'empaint, qu'en terre l'abatit
Et les talons en fait amont venir. (I, 173.)
En son escu va le premier férir,
Desor la boucle li a frait et mal mis,
Le blanc haubert déront et dessarti;
Mort le trébuche don destrier où il sist. (II, 82.)
Férit Guillaume, le comte aus Poitevins,
L'escu del col li a fendu a mi,
Le blanc haubert deront et dessarti, —
— Il chaï mors; — (II, 173.)

cf..: I, 30. 36. 173. 241. 256—60. 265. II, 36. 120—21
173. 176. 186—7. 188.

6. Belagerung — Schluss des Krieges.

Hier fällt die Aehnlichkeit der Schilderungen weniger auf, weil sie weniger häufig vorkommen. Der Verlauf ist stets der Folgende. Die Stadt wird zunächst rings eingeschlossen; ringsum das Lager aufgeschlagen:

Li os se loge, chascuns son atrait fist.
Li sommier vinrent, si ont pavillons prins.
Tout environ le chastel de Naisil,
A la réonde, si com il fu assis,
De pavillons poïssiez moult véir — — (II, 52—53.)
cf.: I, 72. 175. 223. II, 60. 96.

Die Vertheidigung wird dann gewöhnlich geschildert, wie folgt:

Par là dedens font les portes garnir
Et bien terrer, que nus n'en puist issir. (II, 126.)
oder: Les portes fait moult richement garnir,
Que l'une enterre et l'autre fait ouvrir. (I, 169.)

Die grösste Rolle spielen natürlich die häufigen Ausfälle, welche dann willkommenen Anlass zu stets erneuten Kampfschilderungen bieten.

Huons ist fors souvent come prodons (I, 175.)
oder: Et li quens Hues lor fait souvent saillie —
— — Souvent lor saut ne les laist dormir mie. (I, 176.)

Ein richtiger Sturm wird nur einmal geschildert (II, 206—7); gewöhnlich wird die Stadt freiwillig übergeben. Mit den Worten:

Li os departent et chascuns s'en revint (II, 63)

wird der Krieg geschlossen.

7. Verschiedenes.

Es ist natürlich nicht möglich, hier alle Schilderungen gleicher Situationen anzuführen, da so ziemlich eine jede, wenn sie auch nur zweimal vorkommt, irgend welche vergleichbaren Punkte bietet. Ich will im Folgenden nur noch einige besonders auffällige Darstellungsformen anführen. — Zunächst ist es die bewundernde Schilderung eines auftretenden Ritters, die stets ihren Höhepunkt erreicht in den Worten:

Ainc de mes iex tel chevalier ne vis. (z. B. I, 237. 268 etc.)

Daneben finden sich auch oft Stellen, die zwar nicht wörtlich, jedoch ihrem Charakter nach mit dieser übereinstimmen; wie

Il not meillor jusqu'à l'aigue del Rin. (I, 78.)
Mieudres de lui ne but onques de vin. (I, 114.)
De mon aé tel chevalier ne vi. (I, 221.)
Qu'à chevalier ne vis plus bel venir. (I, 256) etc. etc.

Beinahe formelhaft geworden ist die Einführung in eine neue Szene. Schlechtes Wetter kennt die Naivetät des Erzählers nicht; er beginnt stets:

Li jors fu biaus et chaus fu li estés,
Les eves douces repairent es chanels;
A grant merveille reverdoient les prés,
Cil oiselet chantent es bois ramés. (I, 19.)

So ausgeführte Schilderungen, wie im vorliegenden Falle, gehören freilich zu den Seltenheiten; für gewöhnlich begnügt sich der Dichter mit den Worten:

Li jors fu beaus, si fu grans li estés. (I, 58.)
oder: Li jors fu biaus, si fu chaus li sablon. (I, 86.)
La nuit fut belle et li jors esclarcits. (I, 91.)
Biaus fu li jors et li solaus levés. (I, 196.)
Li jors fu biaus, li solaus esclarcis (II 169.)

Li aube creve et li jors esclarcit;
L'aloue chante si tost com li jors vit. (I, 219.)
Li aube apert et li jors esclarcit. (I, 247.)
Li jors apert et li aube esclarcit. (II, 5.)
Et l'aloette chante quant li jors vint. (II, 117.)

Anschliessend an die Erzählung einer Hochzeit, zu der das Gedicht nur dreimal Anlass giebt, findet sich in allen diesen drei Fällen, dem Wortlaute nach übereinstimmend, die Stelle:

Première nuit qu'avec li duc coucha,
L'hore fut bonne, un enfant engendra. (I, 49. 158. II, 74.)

Zum Schluss möchte ich noch ein Beispiel anführen, das zeigen soll, wie manchmal in Erzählungen seltener vorkommender Dinge, dennoch sogar die Einzelheiten des Erzählten gleich sind. Es handelt sich hier um den Fall wo Begon zweimal, schwer verwundet, den Aerzten zur Behandlung übergeben wird. — Von den Aerzten heisst es zunächst regelmässig:

Dedens Salerne orent esté norri. (I, 267. II, 89.)

Hierauf wird die Wunde untersucht und die Umstehenden erhalten die Versicherung, dass der Kranke geheilt werden könne. Pipin verspricht dafür in der Freude seines Herzens grosse Reichthümer, worauf jedoch Landri, so heisst der Gelehrteste von ihnen, erwiedert:

„Grans merci! sire", ce li a dit Landris,
„Mais par celui qui de l'aigue fist vin,
Jà n'en arons vaillant un angevin,
Jusqu'à celle ore que li dux soit garis."" (I, 267.)

und das andere Mal antwortet Ascelin auf die Anerbietungen des Hervis in gleicher Weise:

„N'en parlez mie, sire", dit Ascelins,
„Jà n'en arai vaillant un parisis,
„Tant que il soit respassés et garis." (II, 90—91.)

Aus diesen Beispielen geht deutlich hervor, dass überall in der Darstellung gleicher Situationen dieselbe Anschauung herrscht; der Wortlaut ist dabei oft ein sehr verschiedener. Die wörtliche Uebereinstimmung findet sich mehr in den stehenden Wendungen, deren Zahl jedoch nicht allzugross ist.

II. Stehende Wendungen.

Entschieden am meisten zur Monotonie der Schilderungen tragen jene stehenden Formeln bei, welche der Erzähler in jeder lebhaften Darstellung unzählige Male anwendet, mit denen er seine Zuhörer immer und immer wieder anredet, um ihre Aufmerksamkeit zu fesseln; z. B. die Formeln:

Là véissiez! oder: Là oïssiez:

Wie sie oft in solchen Schilderungen in wenig Versen mehreremale hintereinander gebraucht werden, das zeige folgende Stelle:

> La véissiez prendre et vair et gris,
> L'or et l'argent et les coupes d'or fin,
> Et arméures dont li cler sont saisi.
> Là véissiez chevaliers revestir;
> En poi de terme, come l'istoire dit,
> En véissiez plus de quarante mil. (I, 9.)

Seltener finden sich dafür Wendungen, wie:

> Là poïssiez véoir —
> Là poïssiez oir — oder auch:
> Qui donc véist —
> Qui donc oïst. —

Diese Wendungen sind so zu Formeln geworden, dass ihr Inhalt gar nicht mehr gefühlt wird und zum Beispiel Verse vorkommen können, wie:

> Là véissiez les buisines tentir — (I, 192.)

Ein neu Ankommender wird stets eingeführt mit der Formel:

> Atant ez vous — oder nur — Ez vos —

ein Redender mit den Worten:

> Adonc parla — oder: Adonc commence —

Ausser diesen allgemeinen Wendungen sind es besonders einzelne in der Darstellung immer und immer wiederkehrende Formeln. In erster Linie ist jene schon eben erwähnte Formel zu nennen, die bei der Erzählung eines jeden Ganges, einer jeden Reise angewendet wird, und den in einem Marsche zurückgelegten Weg beschreibt:

> De(sci) — à — ne prisrent onques fin.

Um einen Begriff von dem häufigen Vorkommen dieser Formel zu geben, seien hier alle Belegstellen angeführt. I, 15. 23. 56. 79. 88. 91. 92. 115. 120. 156. 179. 199. 224. 262. 272. 275. 278. II, 3. 23. 55. 61. 64. 68. 73. 107. 116. 138. 154. 183. 190. 199. 200. 203. 205. 209. 258. 259. 260. 265. — Etwa ebenso häufig dürfte das vollständig zur Formel gewordene:

— à pou n'enrage vis!

sein. Auch hier seien die Belegstellen angeführt:
I, 31. 39. 41. 43. 54. 108. 111. 146. 150. 204. 212. 213. 241. 243. 258. 259. 262. 273. 275. II, 10. 16. 24. 56. 76. 82. 144. 168. 169. 173. 174. 181. 205. 207. 250. 262. —

Hier giebt es noch einige seltener vorkommende Entsprechungen, wie:

— à pou d'ire ne fent. (I, 123. 126.)
— à pou n'est forcenés; (II, 229.)
— à pou de duel n'est mors. (II, 237.)
— n'i ot que courecier (II, 238. 244.)
— le sans cuide changier (I, 131. 134.)
— rougit de mautalant. (I, 125. 160. 207. 209) etc.

„Alle" wird fast immer ausgedrückt durch:

— li grant et li petit.

Auch hier sind die Belege sehr häufig:
I, 56. 61. 115. 142. 148. 157. 161. 164. 177. 200. 204. 206. 215. 224. 250. 252. 268. 272. 275. 278. 284. II, 8. 42. 111. 134. 135. 257. 264. —

Zum Ausdruck der Geringschätzung dienen eine Reihe häufig vorkommender Redensarten:

— (ne prise) vaillant un Angevin.

I, 7. 8. 30. 71. 111. 170. 184. 216. 217. 224. 267. II, 56. 157. 254. —

— vaillant (deus) parisis.

I, 68. 111. 171. 231. 237. 281. II, 41. 53. 91. 154.

— vaillant un esperon. (I, 25. 129.)
— vaillant un sol denier (I, 131.)

auch:
— la monte d'un besant. (I, 125.)
— la monte d'un espi. (I, 207.)

Sehr häufig gebraucht findet sich ferner die Redensart:
— molt en sont esbahis.
I, 41. 69. 87. 88. 110. 160. 167. 216. 236. 273. II, 41. 46. 99. 108. 116. 124. 171. 252. 253. 255. 262. —

Ziemlich oft noch findet sich das formelhaft in die Reden eingeschobene:
— ce m'est vis.
I, 61. 180. 204. 279. 290. II, 7. 30. 108. 133. 153. 172. —

Es giebt in unsrem Gedicht noch eine grosse Zahl von Redensarten, die öfter Anwendung finden, jedoch nicht häufig genug vorkommen, um formelhaft zu werden und zur Monotonie des Stiles beizutragen. Ich kann daher von diesen absehen. — Einen weit bedeutenderen Einfluss in dieser Hinsicht übt die formelhafte Behandlungsweise des Dialoges. Es werden nämlich die Personen bei jeder Gelegenheit redend und sich berathend eingeführt. Ich habe die häufiger vorkommenden Formeln in möglichster Vollständigkeit zusammengestellt.

Zunächst wird beim abwechselnden Reden bei Berathungen jenes oben erwähnte:

Adonc parla — oder: Adonc commence —

zur Einführung des Redenden verwendet. — Der Redner beginnt seine Rede meist mit den Worten:

Entendez envers mi!
Envers moi entendez!
Or entendez à mi!
Un petit m'entendez! etc.
seltener: Un pou m'oiez!
Parlez un pou à mi!

I, 44. 56. 67. 72. 76. 77. 80. 102. 113. 138. 157. 159. 177. 180. 208. 212. 227. 239. 278. 282. II, 11. 22. 40. 56. 63. 64. 70. 119. 131. 157. 182. 202. 205. 255. 256. —

Er redete ihn an, er stellte ihn zur Rede, lautet stets:
— si l'a à raison mis.
I, 25. 72. 76. 187. 215. 238. 256. 262. 270. 279. II, 4. 17. 23. 25. 42. 45. 55. 62. 76. 78. 94. 99. 100. 105. 119. 125. 143. 150. 153. 168. 179. 200. 216. 249. 253. 264. —

Eine zustimmende Antwort wird durch folgende Redensarten gegeben; am häufigsten ist:
> Tout à vostre plaisir!

I, 44. 99. 114. 155. 169. 203. 206. 208. 215. 224. 240. 244. 263. 271. 296. II, 61. 69. 81. 100. 102. 107. 119. 157. 171. 200. 254. 262. 265.
> Or avez-vous bien dit!
> Bien dites!
> Bien avez dit! etc. etc.

I, 55. 63. 71. 90. 99. 146. 151. 154. 177. 181. 228. 272. 287. II, 8. 14. 54. 99. 102. 118. 134. 210. 251. —

Daneben kommen noch vor:
> Vérité avez dit! (I, 101. II, 133. 217.)
> Vos dites voir! (II, 76.)
> Vous n'avez pas mal dit! (I, 187.)

Ziemlich häufig ist das zustimmende:
> Et je l'otroi ensi!

I, 77. 234. — II, 22. 77. 143. 149. 179. 182. 202. 205. 248. 261. 264. —

und vereinzelt: Je le vueil bien ensi! (II, 62.)

Bei Nicht-Uebereinstimmung sind am häufigsten die Redensarten, wie:
> Merveilles avez dit!
> Merveilles puis oïr!
> Merveilles ai oï! etc.

I, 100. 101. 102. 105. 118. 155. 182. 216. 241. 274. 281. II, 2. 16. 26. 37. 41. 45. 61. 106. 144. 151. 152. 153. 202. 220. 236. —

Daneben kommen seltener vor:
> Or avez-vous mal dit! (I, 101. 102. 238.)
> Vos n'avez-pas bien dit! (I, 217.)
> Por noient l'avez dit! (II, 101. 109. 200.)
> Vous i avez menti! (I, 213. 271. II, 25. 32. 63. 110.)

Sehr viel tragen zur Monotonie des Stiles die fortwährend in die Reden eingeschobenen Betheuerungen bei Gott oder den Heiligen bei, in deren Variirung das Gedicht Unglaubliches leistet. Ich stelle sie im Folgenden zusammen, um einen Begriff zu geben von ihrer Mannigfaltigkeit sowie ihrem häufigen Vorkommen:

Se Dex m'aït! oder: Si m'aït Diex!
I, 63. 79. 122. 124. 136. 245. 270. 286. 296. II, 4. 11. 27. 82. 87. 90. 118. 132. 133. 154. 155. 172. 219. 258.

Por Dieu!
Por Dieu merci!
Por amor Dieu merci!
La merci Dieu!

Diese Betheuerungen sind so häufig, dass ich nicht alle Belegstellen hier anführen kann.

El nom Dieu! (I, 45. 61. 134. 244. II, 45. 46. 79. 105. 111. 136. 142.)

Ich kann mir nicht versagen, hier eine Stelle anzuführen, welche den übermässigen Gebrauch dieser Betheuerungen besonders deutlich zeigt. Ein Bote wird nach seinem Namen gefragt; er antwortet:

„En non Dieu, dame, Menuel Galopin"
„Diex!" dist la dame, „jà es-tu mes cousins.
Por Dieu, biaus niés, dont venez-vous ici?"
„En non Dieu, dame, dou chastel de Belin."
„Que fait mes freres et ma suers Biatris?"
„En non Dieu, dame, il sunt moult entrepris" etc. (II, 105.)

Weitere Betheuerungen bei Gott sind:

Par le Saint-Dieu! (I, 41.)
Foi que dois Dieu! (I, 171.)
Por Dieu qui ne menti! (I, 67. 76. 180. II, 107. 151. 256.)

Ausserdem kommen Betheuerungen bei der Jungfrau Maria, dem heiligen Geiste und den Heiligen vor:

Sainte Marie! (II, 66. 171. 193. 260.)
Sainte Marie, qui le cors Dieu tenus (II, 141.)
Sainte Marie — — Roïne dame, mère Dieu Jesu-Christ! (I, 29.)
La Dame-Dieu merci! (I, 7. 12. 75. 159. 268. II, 128.)
Dame-Diex, qui de l'aigue fist vin! (I, 75.)
Par la crois où Jhésu Cris fu mis. (I, 205. II, 199.)
Par celui qui en la crois fu mis (I, 232.)
Par Saint-Denis (I, 55. 231. II, 56.)
Por Saint-Jacques! (II, 78. 206.)
Par Saint-Jacque que quierent pellerin! (I, 243. II, 192.)
Par celui que quierent chevalier! (I, 130.)

Par le cor Saint-Vincent! (I, 255.)
Par le cor Saint-Denis! (I, 272. II, 24. 79. 106. 153. 269.)
Par le cor Saint-Martin! (II, 10. 194. 203.)
Foi que dois Saint-Martin! (I, 7. 101. II, 142. 262.)
Foi que dois Saint-Denis! (I, 144. 151. 168. 172.)
En non Saint-Esperit! (I, 105.)
Por le Saint-Esperit! (II, 78.)
Par Saint-Sépulcre! (I, 8.)
Andere Betheuerungen sind:
> Par ma foi! (I, 190.)
> Par mon chief! (I, 45. II, 57.)
> Par la foi que dois tous mes amis! (I, 171. 172.)
> Par la foi que dois à mes parens! (I, 125.)

Man sieht, welch' einen Reichthum an solchen Formeln das Gedicht aufzuweisen hat. — Ueberhaupt kommt die Anrufung Gottes ungemein häufig vor; so ziemlich jede erregte Rede beginnt damit. Auch giebt es noch eine ganze Zahl von Redensarten, in denen der Name Gottes vorkommt; ich will einige davon anführen, um auch hier zu zeigen, wie zahlreich und mannigfaltig dieselben sind:

> Se Dieu plait. — (I, 185.)
> Dieu ne plaise. — (II, 80.)
> Sé Dieu vient à plaisir! (I, 269.)
> Sé Diex garit. — (II, 97.)
> Sé Diex l'a consenti. — (II, 7.)
> Diex me doint force. — (II, 120.)
> Diex me confonde. — (II, 235.)
> Diex li face merci. — (I, 45.)
> Diex en ait gré. — (I, 118.)
> Or en ait Diex et manaide et pitié. (I, 132.)
> De Dieu en ait et graces et mercis! (II, 70.)
> Diex vous en doint joïr! (II, 14.)
> Se Diex leur preste vie! (I, 176.)
> Sé Diex le vuet sofrir! (II, 78) etc. etc.

Hierher gehören ferner die Verwünschungsformeln, deren das Gedicht eine hübsche Auswahl bietet; sie sind meist auf die Heiden, oft auch auf die feindliche Parthei bezogen:

> Dame Diex les confonde! (I, 97.)
> — que Diex puist craventer! (I, 37.)
> Diex les puist maléir! (I, 108.)
> Diex vos maudie vis! (II, 245.)

De dame-Dieu soient-il tout honni. (II, 102.)
— cui Diex doint encombrier! (II, 84.)
Cil le confonde qui terre et la mer fist! (II, 75) etc. etc.

Erwähnen möchte ich noch den Gruss, mit dem besonders die Boten die Herren anzureden pflegen:

Diex vous rant, sire. — (I, 286.)

und die Anwort auf eine Begrüssung:

Diex vous puist benéir! (I, 203.)
oder: Diex bénéie ti! (II, 99.)

Ich habe im Vorstehenden nur dasjenige angeführt, was in der Darstellungsweise dem Leser am meisten auffällt und in ihm den Eindruck der Monotonie hervorruft. — Diese Aehnlichkeit ganzer Schilderungen, die Uebereinstimmung vieler Wendungen sind Eigenthümlichkeiten, die sich in jedem ächten Volksepos finden.*) Eine Untersuchung des Homer, der Niebelungen, der Rolandslieder, überhaupt eines jeden Volksepos, wird in dieser Hinsicht dieselben Ergebnisse haben. Man darf darin nicht, wie Léon Gantier es thut, (cf.: Les épopées francaises, I, p. 117. Erste Auflage), ein Zeichen des Verfalles der Volksepik suchen; drückt sich doch gerade darin die ganze Naivität des Kindes aus, das sein Lieblingsbild nicht oft genug sehen kann und es auch stets mit denselben Worten erklärt haben will; das seine Lieblingsgeschichte immer und immer wieder in denselben Worten mit anhört und bei der kleinsten Aenderung ungläubig den Kopf schüttelt. —

III. Die Epitheta ornantia.

Wie schon oben angedeutet, beruht der Gebrauch der schmückenden Beiworte zunächst auf dem Bestreben, die Darstellung möglichst anschaulich zu gestalten. Es ist klar, dass sie daher am meisten bei solchen Dingen vorkommen, auf welche sich das Hauptinteresse von Erzähler und Zuhörer konzentrirt. Was ist dies aber anders, als die Schilderungen der Helden, ihrer

---

*) Man vergleiche nur die Spezialuntersuchung über: Das Betheuern und Beschwören in der altromanischen Poesie v. K. Tolle. Erlangen 1883.

glänzenden Rüstungen, guten Waffen und trefflichen Pferde! Das sind denn auch die Hauptgebiete, auf welchen die volksepische Sprache ihren ganzen unendlichen Reichthum an schildernden Beiworten offenbart. Niemand wird bestreiten wollen, dass die Verwendung dieses Schmuckes der Darstellung vom Standpunkte ästhetischer Kritik als entschieden berechtigt betrachtet werden muss, dass er in der That einer jeden Poesie zur Zierde gereichen muss. Und doch ist kein Zweifel, dass es gerade wieder diese ewige Wiederkehr entweder genau derselben oder ähnlicher Beiworte ist, welche ganz entschieden unendlich viel zu der oben erwähnten Monotonie der Darstellung beiträgt. Daher wir auch die Beobachtung machen können, dass der bewusst schaffende Kunstdichter denselben einen weit geringeren Spielraum gewährt als der Volkssänger. Jener gebraucht sie meist nur in ganz bestimmter Absicht, sei es zur Unterscheidung oder in eingehenderen Beschreibungen, während dieser sie überall, wo es nur irgend angeht, verwendet. Es spricht daraus so recht die naive Freude an der eigenen Erzählung sowie das Streben, den Hörer durch die fortwährende Hervorhebung der schönen und herrlichen Eigenschaften der Menschen und Dinge, von denen die Erzählung handelt, zu fesseln.

Ich muss mich natürlich im Folgenden auf die am häufigsten mit solchen Beiworten versehenen Worte beschränken. Es sind das namentlich die Bezeichnungen für Gott und Christus, für die Ritter, ihre Frauen, Pferde und Waffen. — Ausser den Adjektiven müssen hier natürlich auch die in adjektivischem Sinne gebrauchten Genitive und Dative, sowie die kurzen Relativsätze in Betracht gezogen werden, welche im Altfranzösischen sehr häufig an Stelle der Epitheta gebraucht werden.

1. Gott und Christus.

Diex führt das Epitheton „heilig" meist nur in der häufig vorkommenden Redensart:

Par le Saint-Dieu. (I, 41.)

Sonst heisst er meist:

Dame-Diex (I, 75)

und: Diex de gloire (I, 4.) — de paradis. (I, 273.)

Sehr häufig kommt daneben vor:
- qui ne menti (I, 43)

und:
- qui terre et la mer fist. (II, 75.)

Mannigfaltiger sind die Epitheta für Christus, der indessen meist einfach Diex genannt wird. Ausser den schon oben erwähnten, die auch auf ihn Anwendung finden, kommen noch folgende vor:

- qui de l'aigue fist vin. (I, 75.)
- qui en la crois fut mis. (II, 80.)
- li rois de paradis. (I, 236.)
- li glorious, qui de Vierge naqui. (II, 221.)
- li glorious del ciel. (II, 239.)
- qui souffri passion. (I, 25.)

Ich möchte noch hierherstellen die Bezeichnung für die Kirche, welche stets: sainte église heisst (cf. I, 7 etc.), sowie für Priester, Aebte und Mönche, prestres, abes und moines, für welche sich die Epitheta:

bons, bénéis und sains
(I, 12) (II, 246) (II, 264)

finden.

2. Ritter und Helden.

Hier haben wir jedenfalls die grösste Zahl von Epithetis zu konstatiren. Völlig stehende Bezeichnungen, welche stets mit den Namen bestimmter Helden verknüpft werden, giebt es nicht viele. Es sind nur folgende:

li villains Hervis.
Fromons li marchis.
Fromons li poestis.
Isorés li gris.
Dos li venerres.
Guillaumes li vallès de Monclin.

Unter den übrigen Epithetis sind folgende die am häufigsten vorkommenden:

li preus.
li gentis et li ber.
li preus et li hardis.
li fiers.
li hardis.
au vis fier.

li frans.
au fier talent.
qui moult est de grant pris.
l'adurés.
li guerriers.
de pris.

Das Letztere namentlich wird völlig formelhaft gebraucht.
Weniger häufig sind folgende:
li sages.
li floris.
au poil flori.
l'alosés.
li larges.
au courage hardi.
de grant nobilité.
au cor ligier.
li cortois.
l'orgillous.
li mainres.
li menbrés.
au bras de fer et au cuer enterin. (II, 74.)
aus cuers vérais et aus talens hardis. (II, 74.)

Wo von den Rittern im Allgemeinen die Rede ist, heissen sie stets:
chevaliers aus belles armes et aus courans destriers.

Es kommen ausser den angeführten Beiworten noch viele Zusammenstellungen derselben vor, wie es ja überhaupt eine Eigenthümlichkeit der altfranzösischen epischen Sprache ist, sowohl Adjektiva wie Verba von derselben oder ähnlichen Bedeutung einfach durch „et" verbunden nebeneinanderzustellen. Eine kurze Zusammenstellung solcher Verbindungen werde ich am Schlusse dieser Darstellung anfügen.

Bei der Schilderung älterer Ritter und Greise sind besonders folgende Epitheta beliebt:
les chenus.
les barbés.
li floris.
au poil flori

oder:
qui le poil ot flori.
o le grenon flori.

au chief flori.
chenus et floris.
li· viés.
li senés.
li viés floris.
li viés et li gentis.

Die Titel, wie: empereres, rois, dux, marchiz, sires etc. werden fast nie ohne irgend ein begleitendes Adjektivum, wie: gentis, bons, biaus, riches, drois, au vis fier etc. gebraucht. Namentlich ist das Adjektivum: biaus, in der Anrede völlig formelhaft geworden. Sie lautet fast stets: biaus amis oder biaus sires. Doch werden auch alle Verwandtschaftsnamen, wie: niés, oncles, fis, freres etc. stets damit verbunden.

Ein anderes Adjektivum, das ebenfalls völlig formelhaft geworden ist und das ich desshalb besonders erwähne, ist: riches. Ausser bei den obenangeführten Titeln, wird es stets verwendet in der Zusammensetzung: ses riches amins = seine mächtigen Freunde.

3. Frauen.

Die Epitheta der Frauen sind weniger zahlreich, weil eben nur sehr wenige Frauengestalten in unserem Epos vorkommen Die gewöhnlichsten sind:

la franche.
la belle.
la cortoise.
la bien faite.
au cler vis.

Namentlich das letzterwähnte ist völlig formelhaft geworden. Seltener sind:

au gent cor signori.
au cor gent.
au gent cor honoré.
qui tant a cler le vis.
les belles dames qui ont simples les vis.

4. Pferde.

In den hier vorkommenden Beiworten charakterisirt sich so recht die Freude am Ritterthum, dessen wesentlichen Bestandtheil ja das gute Schlachtross bildet. Gut sind denn freilich auch alle Rosse, die das Gedicht erwähnt. Die Bezeichnungen: de pris und bon sind hier völlig zur Formel geworden. Alle anderen Epitheta beziehen sich meist entweder auf Abstammung oder Schnelligkeit. Es sind folgende:

> arabis.
> de Hongrie.
> courans.
> courans et arabis.
> courans et abrivés.
> grant et lançant et isnel et hardi. (I, 29. II, 81.)
> grant et fors et hardi.
> gros et grant et forni.
> grant et gros et quarré.

Es kommen hier noch mancherlei Variationen dieser Art vor; doch aus dem Angeführten sieht man deutlich, wie gerade hier der Dichter sich durch die Begeisterung zu solchen völlig unkünstlerischen Anhäufungen von Adjektiven zur Bezeichnung der besonderen Trefflichkeit der Pferde fortreissen lässt. Des Beifalles seiner Hörer war er ja doch sicher; die fragten so wenig nach Kunst wie er.

5. **Rüstung, Waffen, Kleider.**

Sind die Rosse der Ritter stets gut, ihre Waffen sind es nicht minder. Die ganze Ausrüstung wird bezeichnet durch:

> armes belles.

Hier ist es mehr die äussere Schönheit, der blendende Glanz, bei welchem der Sänger verweilt. Bei der einzelnen Waffe ist es zuerst die Trefflichkeit; das Aeussere kommt hier erst in zweiter Linie. Daher denn auch das Epitheton „bon" allen Theilen der Rüstung bei jeder Gelegenheit beigelegt wird. Die übrigen Epitheta beziehen sich theils auf Farbe, Gestalt, Kostbarkeit und Herkunft der Waffen. Ich führe im Folgenden die einzelnen Waffen mit ihren speziellen Beiworten auf.

haubert heisst stets: blanc, auch öfter: blanc haubert treslis.

hiaume führt die Epitheta: vert; bruni; à un cercle bruni; bis; poitevin.

Die chauces sind stets: blanches com flor de lis;
die esperons stets: d'or fin; d'or mier; auch nur: dorés.
Die meisten Epitheta führen Schild und Schwert, die beiden wichtigsten Bestandtheile der Ausrüstung.

escu ist zunächst: fort und voutis (fort escu voutis). Seiner Beschaffenheit nach heisst er gewöhnlich: d'or oder doré. Auch flori und d'azur bis kommt vor. Auf seine Herkunft weist:

qui de Tonlouse vint.

Oft wird auch das Abzeichen oder Wappen, wenn wir es so nennen wollen, das sich darauf gemalt findet, durch ein Epitheton geschildert, wie z. B. II, 161:

Escu ot d'or, à un lion anti.

espée oder branc; hier kommen folgende Adjektiva theils einzeln theils in den mannigfaltigsten Zusammensetzungen zur Anwendung: bruni, roit, fourbi, trenchant, poitevin; sodann: d'acier und d'acier forbi.

Durch längere beschreibende Epitheta werden namentlich einzelne Schwerter, die auch bestimmte Namen führen, vor allen das Schwert des Begon, Floberge genannt, ansgezeichnet. Dieses wird zum Beispiel völlig personifizirt: la belle oder la clere genannt. Daneben finden sich die Bezeichnungen:

au pont d'or fin.
au poing d'or mier.
à la renge d'or fin.
à la sele d'or fin.

Die ersterwähnten, einfachen Epitheta für das Schwert werden auch sämmtlich ohne Unterschied für die Lanze (espié, lance) verwendet. Neu käme hier höchstens das ziemlich häufige: „grosse" vor.

Die Banner (banières etc.) führen die Epitheta: fermés, floris, droites, vermels.

Kleider werden daneben nur sehr selten erwähnt; wo sie vorkommen führen sie stets die Epitheta: sebelins und hermins. Kostbar und prächtig muss nun einmal Alles, was von Aeusserlichkeiten dargestellt wird, sein, damit sich die Phantasie der Hörer stets daran ergötzen kann. Worüber aber empfindet ein kindliches Gemüth mehr Freude als über das was es bewundert?

— 77 —

Ich denke im Vorstehenden die für die Betrachtung der Epitheta wichtigsten Punkte herausgehoben zu haben. Es ist leicht daraus zu ersehen, welch' einen wichtigen Bestandtheil des volksepischen Stiles sie bilden und wie viel gerade ihre theilweise völlig formelhafte Verwendung zu dessen Eintönigkeit und Schablonenhaftigkeit beiträgt.*)

Anhangsweise füge ich hier eine kurze Betrachtung jener schon oben erwähnten Eigenthümlichkeit des volksepischen Stiles an, welche in der Nebeneinanderstellung zweier oder mehrerer synonymer Ausdrücke besteht. Ich stelle sie zu dem Abschnitt über die Epitheta, weil sie auf diesem Gebiete ganz besonders häufig begegnet.

Auch sie beruht einzig auf dem Streben einer möglichst anschaulichen Schilderung, welche der naive Sänger durch eine solche Anhäufung verschiedener Worte für denselben Begriff am Leichtesten erreichen zu können glaubt. Des Unkünstlerischen in diesem Vorgehen ist er sich auch hier wieder nicht im Geringsten bewusst. Der höfische Dichter hingegen vermeidet es; in seinen Werken werden wir solche Nebeneinanderstellungen gar nicht, oder doch nur sehr selten finden.

Ich gebe im Folgenden einen kurzen Auszug der am häufigsten vorkommenden und auffälligsten Erscheinungen; sie beschränken sich nicht nur auf Adjektiva, sondern sind ebenso geläufig bei Participien, Infinitiven, seltener auch bei Substantiven. Belege finden sich fast auf jeder Seite unseres Epos.

        coureçous et maris. (II, 57).
        grief et marri. (II, 41).
        courécié et irié. (II, 190).
        dolens et marris. (II, 268).
        liés, joians et esbaudis. (II, 128).
        baut et joiant et lié. (II, 178).
        prou et loial et fin. (II, 186).
        sains et garis. (II, 57).
        respassés et garis. (II, 47).
        sain et sauf et gari. (II. 184).

---

*) Man vergleiche hierzu die Arbeit von Heinr. Drees: Gebrauch der Epitheta ornantia im Rolandsliede. (Diss. v. Münster 1883), welche im grossen Ganzen genau dieselben Ergebnisse liefert.

viel et flori. (II, 42).
vieus et chenus et floris (II, 144)
vigueros et hardis. (II, 35.)
armés et fervestis. (II, 249).
sacrés et bénéis. (II, 249).
vergondés et honnis. (II, 218).
fel et estous. (II, 160).
et juré et plevi. (II, 154).
et retenus et prins. (II, 176).
conté et dit. (II, 223).
et blecié et laidi. (II, 184).
deront et dessarti. (II, 173).
destranchié et ocis. (II, 251).
escouter et oïr. (II, 154).
plorer et larmoier. (II, 177).
endurer et sofrir. (II, 184).
esgarder et véir. (II, 220).
regarder ne véir. (II, 253).
et férir et lancier. (II, 238).
esillier et laidir. (II, 245).
chanter et esbaudir. (II, 260).
la honte et le despit. (II, 128).
de honte et de péril. (II, 156).
et le vair et le gris. (II, 148).
et mercis et pitié. (II, 240).
et villes et maisnis. (II, 128) etc. etc.

IV. Anreden des Erzählers, Quellenanspielungen etc.

Im Folgenden gebe ich zunächst eine Zusammenstellung der Wendungen, mit welchen sich der Erzähler von Zeit zu Zeit an seine Hörer wendet, die so recht deutlich zeigen, wie er nie seine Hörer aus den Augen verliert, sich förmlich als eins mit ihnen betrachtet. Am klarsten zeigen das zunächst die Ueberleitungen, mit denen er von einem Gegenstand zum andern geht; sie bewegen sich stets in den Formeln:

    Or vous lairons ester de —
    Dirons de —

oder einfacher zum Beispiel:

    Lairons du roi, dironmès de Henri — (I, 61)

gewöhnlich aber nur:
oder:
>
> Huimais dirons de —
> Or chanterons de —
> Huimais devons chanter de — etc.

Der Erzähler fasst hier stets sich und seine Hörer unter „wir" zusammen, gleichsam im Bewusstsein dessen, dass sowohl Stoff wie Form seiner Erzählung eben nicht sein Eigenthum, sondern das Eigenthum seines ganzen Volkes sind.

Ziemlich häufig finden sich eingestreut die Wendungen:

> Que vous diroie —
> Qu'en conteroie, ne que diroi-je ci?

I, 16. 49. 70. 111. 196. 211. 249. 277. II, 93, 115. 190. 207. 211. —

Ausserdem finden sich:

> — ce ne vous quiers mentir. (I, 52).
> — ce sachiez-vous de fi. (I, 68. II, 50).
> Or entendez que — (I, 72. 279).
> Or escoutez — (I, 184).
> Signor oïez — (I, 111. 232).
> — si com pourez oïr. (I, 173. 260. II, 30).
> Oiez merveille que — (II, 38).
> — jel vous dis sans mentir. (II, 135) etc.

Ziemlich häufig sind auch die Quellenanspielungen, die ja überhaupt in der altfranzösischen Dichtung eine grosse Rolle spielen und stets als fingirt betrachtet werden müssen. — Das Gedicht beginnt:

> Vielle chanson voire volez oïr —

und es wird somit im Voraus gesagt, dass, was hier erzählt wird, ein altes bekanntes Lied sei. — Am häufigsten findet sich der Einschub:

> — ce m'est vis.
> — ce m'est avis.
> — mien escient.

I, 42. 145. 191. 275. 291. 294. II, 87. 97. 114. 126. 136. 139. 165. 191. 212. 253.

Eine Art förmlicher Quellenangabe findet sich in:

> — come l'istoire dit. (I, 9).
> — si com la chanson dit. (I, 10. 51. (II, 74).

— ce dit la lettre. (I. 43. II, 117).
Si com la bible le nous tesmoigne et dit. (I, 51).
Ce dit l'istoire. (I, 159).
— si com dit li escris. (II, 75).

Was ist die Absicht des Erzählers bei diesen Einschiebungen? — Wollte er mit dieser Angabe, dass er aus schriftlichen Quellen geschöpft, seiner Erzählung in den Augen seiner Hörer mehr Glaubwürdigkeit verleihen, sie dadurch von der Wahrheit seiner Angaben überzeugen? — Ich glaube es nicht. Das Volk, vor dem das Lied gesungen wird, kennt den Stoff, es sind die Lieblingsgebilde seiner Phantasie, an deren Wahrheit es so fest glaubt, wie das Kind an die Wahrheit seiner Märchengestalten. So wenig wie das Kind erst durch den Hinweis auf ein Buch, wo das Märchen aufgezeichnet steht, von seiner Wahrheit überzeugt würde, wenn es nicht längst daran glaubte, so wenig würde das bei einem Volke möglich sein, das noch in seinem Kindesalter steht. Ich glaube vielmehr, dass auch diese Hindeutungen nur ihren Ursprung haben in dem Bewusstsein, dass der Stoff eben nicht persönliches Eigenthum eines Einzelnen, sondern ein aus den Anschauungen des ganzen Volkes und der ganzen Zeit überkommener ist. und in dem Bestreben, diesem Bewusstsein auch offenen Ausdruck zu verleihen. —

Die Thatsache, dass aus solchen vielfältigen, volksmässigen Behandlungen des Stoffes ein organisches Ganzes entsteht, erklärt Steinthal durch die Behauptung, dass eben jeder Dichter, der den Stoff behandelt, ihn stets im Hinblick auf das Ganze behandelt. Auch hierfür finde ich den Beweis in den vielfachen Hindeutungen auf den ferneren Verlauf der Handlung, in welchen der Sänger in wenig Worten alles, was noch geschehen wird, vorausnimmt. Ich führe zunächst einige Beispiele an, um zu zeigen, wie der Erzähler jede Gelegenheit zu solchen Abschweifungen benutzt. Bei der ersten Erwähnung der Blancheflor heisst es:

>Ceste pucelle de male ore nasqui,
>Que maint prodome morront encore por li! (I, 117).

Am Schluss des ersten Theiles heisst es:

>Iluec comence li grans borroflemens
>Dont furent mort chevalier ne sais quant,

Chasteau brisié, et villes à noient,
Déserité en furent li enfant etc. (I, 126).

An einer Stelle, wo die Handlung eine entscheidende Wendung nimmt, sagt der Dichter von Garin:

> Car ses afaires préist ilnecques fin,
> Qui puis torna à duel et à declin;
> Dont mainte terre tornèrent à essil,
> Desherité en furent orphenin,
> Et mainte dame en remaint sans mari. (I, 119).

Manchmal sind diese Hinweise ganz kurz:

> La gent Fromont le comperront moult chier! (I, 137).

Besonders liebt es der Dichter bei der Geburt eines künftigen Helden auf dessen spätere Schicksale anzuspielen, so schon bei der Geburt Garins (I, 49), dann auch bei der Fromondins: (I, 159).

> — Qui tante guerre et tant estor vainqui.
> Et tant chastiaus et tante ville print
> Contre Girbert de Mez, le fil Garin.

Hier fügt er gleich noch hinzu:

> Huimès commence la chanson à venir,
> Comment Fromons renoia Jesu-Crist.
> Et fut remés entre les Sarrasins
> Devant Bordelle, en un challant corsif
> Où l'amiraus d'Espaigne le feri. —

— also eine vollständige Vorausnahme der ganzen künftigen Erzählung. — Ebenso heisst es bei der Geburt des Girbert:

> Girbert ot non, si com la chansons dit,
> Au bras de fer et au cuer enterin,
> Qui tantes guerres mena vers Fromondin,
> Et Fromont fit aller aus Sarrasins,
> Dieu renoier et sa mère guerpir. (II, 74).

cf.: II, 75. 78. 97. 221. 231. —

Hierher gehört auch die Behandlung des Verräthers Hardré zum Beispiel, von dem es bei seinem ersten Auftreten, wo wir doch noch gar nichts von ihm wissen, dennoch heisst:

> N'ot si felons en soisante pais! (I, 53).

Wenn wir heutzutage eine Dichtung lesen, so ist der Genuss, den wir dabei empfinden, zum guten Theil auf Rechnung der Spannung zu schreiben, mit welcher wir den Gang, die Entwicklung einer frei erfundenen oder doch uns unbekannten Handlung verfolgen. Eine jede derartige Vorausnahme des Kommenden würde uns in diesem Genusse stören. — Dass der Volksdichter an jeder geeigneten Stelle solche Hinweise einflicht, beweist deutlich, dass er damit seine Hörer nicht im Geringsten in ihrem Genusse beeinträchtigt; er weiss dass seine Zuhörer den Stoff, den er behandelt, ebensogut kennen wie er. — Auch hierin scheint mir ein vollgültiger Beweis für jene Theorie zu liegen.

V. Vergleiche und Sprüchwörter.

Zum Schlusse gebe ich noch eine Zusammenstellung der in unsrem Epos vorkommenden Vergleiche und der meist echt volksthümlichen Sentenzen. Namentlich bezüglich der Vergleiche haben wir es eben nur mit den allerersten Versuchen einer anschaulichen Darstellung durch Anwendung von Kunstmitteln, wenn ich es überhaupt so nennen soll, zu thun. Sie sind alle der Natur entlehnt und zwar zum bei weitem grössten Theil speziell dem Thierleben.

1. Vergleiche:

Parmi les chans les deschasse Hervis
Come li lous qui chasse les berbis. (I, 15).
Parmi les chans gisent come berbis. (I, 16).
Li home furent plus hardi que lion. (I, 24).
Foudre ressemble quant il vient assembler. (I, 59).
Ausi va drois com faucon empené. (I, 66).
Parmi le coupe com un ram d'olivier. (I, 135).
Lasce unes chauces blanches com flor de lis. (I, 168).
Morir les fait ainsi come moutons. (I, 175).
Vollent quarrel parmi le plesséis
Aussi menu come pluie en avril. (I, 230). cf.: II, 124. 170.
Mon père enmaine en destre com mastin. (I, 236).
Ensement va com loutre par vivier,
Quant les poissons fait en la dois mucier. (I, 264).
Il est plus sains ne soit une pertris. (I, 270).
Come musait vous estes ceans mis. (I, 282).

Li palefrois sor quoi la dame sist
Estoit plus blans que n'est la flor de lis. (I, 297). cf. II, 89.
— Bouche espessete et les dens ot petis,
Il sunt plus blans qu'ivoire planéis. (I, 298).
Vous ressemblés, par mon chief, le mastin,
Dedans abaie et defors n'ose issir. (II, 16).
Lion resemble qui de gant soit partis. (II, 95).
Renart resenble qu'en la taisnière est mis. (II, 53).
Plus tost s'en va, quant il fu au chemin,
Que ne fait lievres quant li chiens le choisi. (II, 104).
Ains se maintint com li batus mastins. (II, 111).
Charpentiers senblent qui en gant soient mis. (I, 121).
Plus le convoite que feme son mari. (II, 169).
Entre aus se fiert li Loherens gentis,
Come faucon entre oisillons petis. (II, 189).
Lohérenc poignent, qui furent eschauffé
Comme li pors qu'est iriés et enflés. (II, 191).
Ensi les mainne com li lous fet berbis. (II, 208).

2. Sentenzen:

Au grant besoing voit-on bien son ami. (I, 53. II, 55).
L'en ne doit homme amer por losangier. (I, 139).
Qui son né coupe il deserte son vis. (I, 160). cf. I, 280. II, 133.
Quant li roitians s'est au grant cisne prins. (I, 190).
Nuns avers princes ne puet monter en pris. (I, 239).
Or vois-je bien que cuer ne puet mentir. (II, 55).
Il sevent bien de mal venra en pis. (II, 92).
De l'abaïe mauvais moines issis. (II, 110).
Oï l'ai dire et verités est-il,
Que moult est fous qu'eslongue ses amins. (II, 98).
Ainsi va d'homme qui mauvès plaist bastit. (II, 114).
Nuns avers princes ne puet terre tenir. (II, 148).
Qui en gieu entre le gieu doit consentir. (II, 158).
Tout avenra ce qu'en doit avenir. (II, 201).
Moult vaut uns hons, maintes fois l'a-on dit. (II, 205).
Qui n'a dou vivre mal puet chastel tenir. (II, 209).
Li cuers d'un homme vaut tout l'or d'un païs. (II, 218).
En grant duel faire onques gaigner ne vis;

Duel sor dolor, ne joie sor joïr,
Homme ne fame ne le doit maintenir. (I, 45).

Li mort as mors, li vis voissent as vis,
Duel sor dolor et joie sor joïr
Jà nuns frans hons nel devroit maintenir. (I, 262).

Schlusswort.

Ueberblicken wir die Ergebnisse dieses zweiten Theiles der Arbeit, so kommen wir zu dem Resultat, dass auch die äussere Form, die Darstellungsweise unseres Gedichtes, in keiner Weise der Entstehungstheorie von Steinthal widerspricht. Im Gegentheil drängen sich uns gerade hier eine Reihe von Erscheinungen auf, die sich wohl kaum auf irgend eine andere Weise erklären lassen, die eben nur im Lichte jener geistvollen Theorie ihre Erklärung finden.

Möchte noch durch weitere und eingehendere Untersuchungen des Volksepos in dieser Hinsicht jener Hypothese eine immer grössere Wahrscheinlichkeit verliehen werden. Gerade die altfranzösische Epik bietet noch ein unendlich reiches Material; zumal hier eine ebenfalls reich entwickelte Kunstepik der Volksepik zur Seite steht, durch deren Vergleichung die Eigenthümlichkeiten der Letzteren in noch hellerem Lichte erscheinen werden.